中学生からの大学講義 5

生き抜く力を身につける

桐光学園＋ちくまプリマー新書編集部・編

★――ちくまプリマー新書

230

「今こそ、学ぶのだ！」宣言

ちくまプリマー新書は、「プリマー（primer（名詞）：入門書）」の名の通り、ベーシックなテーマを、初歩から普遍的に説き起こしていくことを旨とするレーベルです。学生の皆さんは元より、「学びたい」と考えるすべての人を応援しています。

このたび、桐光学園と共同で〈中学生からの大学講義〉という小さなシリーズを編みました。「どうすれば大学に入れるか」のガイドは世間に溢れています。でも「大学で何を学べるのか」について良質なアドバイスはまだまだ少ない。そこで、知の最前線でご活躍の先生方を迎え、大学でなされているクオリティのままに、「学問」を紹介する講義をしていただき、さらに、それらを本に編みました。各々の講義はコンパクトで、わかりやすい上に、大変示唆に富み、知的好奇心をかきたてるものとなっています。

本シリーズの各巻はテーマ別の構成になっています。これらを通して読めば、「学問の今」を知っていただけるでしょうし、同時に正解のない問いに直面した時こそ必要な〝考える力〟を育むヒントにもなると思います。変化の激しい時代を生き抜くために、今こそ学ぶのだ！

ちくまプリマー新書編集部

挿画　南伸坊

目次 ＊ Contents

自由の条件

大澤真幸

おおさわ・まさち
一九五八年長野県生まれ。東京大学大学院社会学研究科博士課程修了。千葉大学文学部助教授、京都大学大学院人間・環境学研究科教授を歴任。専攻は社会学。二〇〇七年『ナショナリズムの由来』（講談社）で、毎日出版文化賞受賞。著書に『行為の代数学Ⅰ・Ⅱ』『性愛と資本主義』『身体の比較社会学』『恋愛の不可能性について』『戦後の思想空間』『不可能性の時代』『〈自由〉の条件』がある。

開いているドアから出ることができない私たち

人間の精神の成長は、必ずしもなだらかなものではない。ある時期、急に「大人になる」瞬間が誰しもあり、私の場合も、中学一年の冬がそれにあたる時期だったと思う。私が今、学者として持っている問題意識も、その時期まで遡行《そこう》することができる気がする。

さて、最近『〈自由〉の条件』という本を出したのだが、それに関係づけて話をしようと思う。まず、一つの寓話《ぐうわ》から話を始めたい。

ミヒャエル・エンデという、ドイツの童話作家が書いた短い寓話に『自由の牢獄《ろうごく》』という文章がある。それはイスラム教の世界の話で、イッシーアラーという知恵のあるこじきが、王様のような偉い人に自分の体験談を話している、という設定で話が進む。

イッシーアラーは若い頃、商売人だった。商売に成功して富豪になったが、そのため自分の力でなんでもできると傲慢になっていく。イスラム教の大事な教えも無視して遊びほうけていたが、あるとき彼の前に、美しい女がやってきた。イッシーアラーはその女に一目惚《ぼ》れをして、我がものにしたいと思った。ところが女は、誘惑はするのだけれども、「私が欲しいなら、これからの人生、何ものにも従わず、自分の意志だけで動くと誓ってほしい」と言うのだ。イッシーアラーが「神にかけて誓う」と答えると、「それは神様に従っているからダメだ」と女は言う。そこで「自分の眼差《まなざ》しにかけて」と誓い、いよいよ女を抱こうとした瞬間、彼女は消えてしまう。しかも彼自身、いつの間にか宇宙空間のようなところに飛ばされ、気がついたら大きな部屋の中にいる。女は悪魔の化身だったのだ。部屋にはいくつものドアがあり、そのどれにも鍵はかかっていない。しかし、イッシーアラーはどの扉から出たらいいのか分からない。ドアの向こうが地獄なのか花畑なのか分からず、考えれば考えるほど、どのドアから出ればいいのかまったく分からなくなってしまう。そして彼はついに、そこから出られなくなる……。

なぜ自由な社会で息苦しさを感じるのか

鍵が開いているのに部屋から出ることができない——これは一つの逆説だ。普通、「自由がない」というのは、牢獄のような閉じられた場所に入れられた状態だと私たちは考える。それに対して、部屋のドアが開いていれば、「自由がある」と思う。いつ、部屋から出て行ってもかまわないからだ。ところがこの話は、あまりにもたくさん選択肢があることが、逆に牢獄だと感じられるということを示している。自由がありすぎて自由がない。そういう逆説だ。

この話はイスラム世界の物語としてつくられてはいるが、私たちが今置かれている状況の比喩《ひゆ》として考えることができるだろう。

皆さんは、いろいろな事情はあれ、「好きな人生を選んでいいよ、何をやってもいいですよ」と言われているのではないだろうか。しかし、「自由があるから毎日が楽しくてしょうがない」と感じるかというと、そうでもない。不自由なこともなく、たいていのことならやっても許される社会にいる。なのに、なんとなく息が詰まるというか、解放された気分にならない。そんな気持ちになったことはないだろうか。

これは、あまりにもドアがありすぎて外に出られない、イッシーアラーと同じ状況にあると言えるだろう。自由はたくさんあるのに、そのせいで逆に自由のない気分になる。どうしてだろう。これが、一つの主題だ。

「自由」とは何かを考える

私たちは普段、当たり前のように「自由」という言葉を使っているが、いざその意味を考えてみると難しい。「自由」とは何かを考えてみよう。

どのような出来事にも原因がある。人間の行動も同じだ。例えば、皆さんが考えたり、その結果として行動するとき、脳の細胞間では電気が走っている。脳の中には電気の回路がつくられていて、私の話を聞いて理解しようとするとき、どこかの部分が活発に働いているはずだ。物理学で習う電気の反応と同じようなことが、脳でも起こっている。皆さんが通常、自由に振る舞っているように見えることも、実はすべてに原因があるのだ。

では、この「原因」と「自由」は、どのような関係にあるのだろうか。何か原因があることによって、初めから結果が決まっているならば、それは「自由」とは言えない。「自由」とは、あくまで自分で決めるからこそ言えることで、あらかじめ原因があって起こることではないからだ。

現代の社会状況では、私たちにはいくらでも選択肢がある。つまり自由はいくらでもある。けれども私たちは、「自由がない」と感じている。実際、自然科学を基礎に考えれば、すべての事象には原因があるのだから、自由というものがはたらく余地などないはずだ。しかし、他方で私たちは生きていくうえで、「自由」という言葉や、概念がないと生きていくことができない。なぜだろうか。

例えば、人が失敗したときに「お前のせいだよ！」という言い方をする。そのように人を責めることができるのは、失敗した人が自分の意図でやったという前提があるからだ。あるいは「あなたのおかげです」と褒めたり、感謝したりするのも、その人の自由な意志で決めた結果だと考えるからだ。

だから自由のもとに物事が決まらなかった場合は、「あの人のおかげ」とか「あの人のせい」とは思わない。たまたま運悪く落石が頭にあたってケガをしたとき、石に「お前のせいだ」とは言わないだろう。石は自由な意志で動いたわけではないからだ。

このように、自由というものを「理論」と「現実」の関係で考えると、理論上は自由がはたらく余地はまったくないのに、生きていくうえでは現実として自由というものの存在を感じずにはいられない。そう考えたときに、「自由とはなんだろうか」という問いが出てくる。これが今回の話の大きなテーマだ。

「責任」と「自由な主体」

先ほど例に出した「お前のせいだよ」「あなたのおかげだよ」というのは、その相手が「自由な主体」であることを前提にしている。「あなたのせいだ」との言葉は、「あなたの自由な選択によって、こういうことが起きた」という意味を持つ。つまり「自由な主体」とは、「責任を担う主体」と同じことなのだ。

一般に、人間は生まれてから、「自由な主体」として成長し、なんらかの責任を担っていく。分かりやすく言えば、「責任を担う主体になる」とは、「大人になる」ことだ。子どもは、他人に依存して生きていて、行為のすべてに責任があるとは言えない。しかし「大人」になれば——ここでいう「大人」は二〇歳になるという意味ではない——例えばテストで悪い点をとるなど失敗をすれば、「勉強不足なあなたのせいだよ」などと言われる。そういう意味では、皆さんだって十分に「自由な主体」になり始めていると言えるだろう。人間は成長するにしたがって、自由の範囲が大きくなっていくのだ。

そのことを頭の中に置いてもらったうえで、これからある子どもの例を紹介しようと思う。この子どもは、大人への成長を拒否しているようで、大人になろうとしなかった。けれども、あることをきっかけに、突然何かがはじけたように、急に大人に成長し始めた。それまで、「自由な主体」になろうとしなかった子どもが、ある出来事をきっかけに、急に自由な主体、責任を担う主体へと大きく足を踏み出した。そういう話から、人間が「自由な主体」になるとはどういうことかを考えてみたい。

「フレデリック」と「アルマン」

これから話すのは、あるフランス人の医者が行った精神分析という治療をしたときの話だ。医者はフランソワーズ・ドルトという。フランスでは有名な医者で、彼女はあるときフレデリックという六〜七歳くらいの男の子を診察した。フレデリックは捨て子であった。はじめ孤児院に預けられたが、一年も経たないうちに、養子をもらいにきた夫婦に引き取られる。そのとき、彼は「フレデリック」という名前をつけられた。フレデリックは成長するが、小学校二年生くらいの年になっても少しも成長がみられない。知的能力は低く、おねしょもする。また字を覚えようとしない。彼は精神的に遅れた、一種の精神病になってしまったのだ。たまりかねた両親は、高名なドルトのもとに連れて行った。

ドルトは優秀な医者で、フレデリックのどこに問題があるかを少しずつ見抜いていく。フレデリックは知的なもの、特に文字はまったく覚えようとしなかったが、彼が描く絵の中に一つだけ「a」というアルファベットが書かれていることにドルトは気がついた。彼女は、この「a」がイニシャルではないかと考えた。フレデリックは生後一年くらいで孤児院から引き取られたが、孤児院では「アルマン」という名前で呼ばれていたのだ。

ドルトは「あなたはもともとアルマンだった。だけど、フレデリックという名前に変えられて、つらい思いをしたんでしょう」と話しかけた。だが、フレデリックはまったく関心を示さなかった。しかし彼女は長年の医者のカンで、今度はしゃがれ声や裏声で、わざとその子から目を外してどこかあらぬ方向に向かって名前を呼んでみた。すると、フレデリックが劇的な反応を示した。急に声に耳をすまし、それまでまったく関心を示さなかったドルトの「アルマン」という声に反応しはじめたのだ。彼女は裏声で名前を呼びながら、段々と普通の声に戻していった。そして最後に「あなたはアルマンなんでしょう」と話しかけると、その瞬間、急にいきいきとした顔をしたというのだ。

この後、まるで成長を拒否していたようなフレデリックの症状は、二〜三週間のうちにすべて直ってしまった。他のみんなと同じように普通に勉強し、大人への成長を始めたのだ。

この「裏声で話しかける」ことの意味はまだ明らかにしないが、フレデリックからすると、声が、どこからともなく聞こえてくるように感じただろう。ドルトはこれを「オフの声」と言っている。テレビや映画のナレーションと同じで、画面の外から聞こえるような声のことだ。その声で、名前を呼びかけたら急にすべての病気が治ってしまったという不思議な話だ。

「概念」とはなんだろうか

なぜ、「フレデリック」という名前を「アルマン」と呼び変えたら、突然病気が治って、大人になり始めたのか。この謎を解いてみたい。大きな謎は二つあるが、一つは、「名前とは何か」という問題だ。

名前は普段の生活の中でも重要な役割を持つ。仮に、新任の先生に廊下で会って、「○○君おはよう」と言われれば、「昨日会ったばかりなのに、もう自分の名前を覚えてくれている」と嬉しくなるはずだ。名前をきちんと知られていることは、その人が自分にとって特別な関心を持ってくれていることだといえる。逆に名前を知らないことは、その人にあまり興味がないことを示している。「彼は長年の親友だけど名前は知らない」ということはあり得ない。ほかにも、例えば、好きになったら物に名前をつけたりしないだろうか。ぬいぐるみ、あるいは大事にしているコンピュータでもいい。つまり、自分が強い興味や愛着を持っているものには名前がつくのだ。

もっとも、「名前」は当たり前すぎて、普段、深く考えたりすることはないかもしれない。しかし、「名前とは一体何か」という問いは、哲学上の論争にもなったほどで、ここでは彼らの論じたことが重要なヒントとなる。哲学者はこのように説明する。まず、「名前」を理解するうえで、「概念」というものとの違いをわかっておかなければならない。これが重要だ。では、「概念」とは何か。難しく聞こえるかもしれないが、皆さんも普通に使っている言葉だ。例えば「三角形の概念」「学校という概念」「教育という概念」「愛という概念」「哺乳類《ほにゅう》という概念」など、使い方はいくらでもある。

その中でも「三角形という概念」を例にすると、「三つの直線で囲まれた図形」とか、「一直線上にない三つの点を結ぶ線分」とか、いろいろな定義がある。つまり概念とは、ある対象がどのような性質かを指し示すもので、この場合、「三角形」と「三角形ではないもの」を区別しているのだ。

示している対象が何であるかを、理想的には過不足なくはっきりさせる。この範囲を「集合」と言うが、この集合の範囲を示すような性質が「概念」だ。

「名前」という謎

では名前はどうか。名前＝固有名は、一つのものをズバリと言い当てなければならない。「○○さん」と言ったとき、その一人を指し示す必要がある。「大澤真幸」といったらこの人しかいないというように、だ。しかし「概念」である「三角形」の集合は無限にある。だから哲学者たちをはじめ、「名前とは集合の要素が一個に絞られるような概念のことではないか」と考えた。

例えば「大澤真幸」を一度で絞られるような性質とはなんだろうか。一つは、「京都大学の先生」ということ。だが、京都大学には先生がたくさんいるから、これだけでは一人に絞られない。次に「社会学という学問をやっている」という要素。京都大学にいる社会学の先生は二〇人くらいだから、これでかなり絞られる。さらに「二〇〇八年に『〈自由〉の条件』という本を書いた著者」という条件を加える。ここまで絞ると私しかいない。「大澤真幸」という要素が一度で絞られるような性質は、このような複数の要素となる。

だが、ある哲学者が、名前とは「ある対象を一個に絞る概念の一種」という考え方が間違いであることに気づいた。これにはさまざまな証拠があるが、一番分かりやすい例で考えてみよう。

例えば、「ある三角形が二辺の長さが等しいならばどうなるだろうか」と考えてみる。「二つの角も等しくなる」と証明できるから、これは問題ない。しかし、ある人が、「三角形が四つの辺を持っているとすれば、どうなるだろうか」と言ったとする。しかし、そんな三角形は存在しない。三角形の概念の中には、「三つの辺を持つ」という性質が含まれているから、三角形が「四つの辺を持つ」ことは、その定義と矛盾しているからだ。

次に、同じように、「大澤真幸が、もし『〈自由〉の条件』を書かなかったら」と考えてみる。この問いが、「三角形」と「大澤真幸」がまったく違う性質であることを明らかにする。

もし、「大澤真幸」という言葉が「『〈自由〉の条件』の著者」という要素を含んでいるのだとすれば、「大澤真幸」は、「『〈自由〉の条件』の著者」との要素がなければ成り立たないことになる。しかし「『〈自由〉の条件』を書かなかったら大澤真幸ではない」、というのは現実的におかしい。「『〈自由〉の条件』の著者」とは、『〈自由〉の条件』を書いたことによって、初めて成立することだからだ。

「三つの辺を持つ図形」が、「三つの辺を持たなかったら」三角形は成り立たないけれど、「大澤真幸が『〈自由〉の条件』を書かなかった」としても、「大澤真幸」が「大澤真幸」でなくなることはない。「大澤真幸」という言葉が、性質を表す代用品だとすれば、「〜でなかったら」のような言い方は許されないはずだ。しかし私たちは、いくらでもこういう言い方をすることができる。それは、「名前」は「概念」とは違い、その対象の性質についての代用品ではないからだ。

では、概念が対象の性質を指し示すならば、名前は何を表現しているのか。

結論から言おう。名前は一つの個体や個人といった、たった一つのもの――哲学者はそれを「個体（インディビジュアル）」と言う――が、存在していることを示している。つまり、それが「何であるか」を示しているのが概念で、それが「ある」ことを示すのが名前なのだ。「大澤真幸がどういう人間であるか」、「どういう仕事をしたか」、「どういう風な成長をしたか」、「どこの出身か」については、名前は何も示さない。ただ、「大澤真幸」という名前によって指し示される個人が「いる」ことを示しているに過ぎない。

「フレデリック」は名前だったのか

回り道をしたが、このことを踏まえて、先ほどの事例の謎を解いてみよう。なぜ、フレデリック少年に「アルマン」と呼びかけることで病気が治ってしまったのか。そして、それは何を意味しているのだろうか。

この話では、「アルマン」と「フレデリック」という二つの名前が登場している。しかし実は、この話の中で名前と言えるのは「アルマン」だけで、「フレデリック」は名前に思えるが、名前ではない。それに気がつくことが重要だ。どういうことか。

まず「アルマン」が名前なのは自明だ。孤児院に引き取られたときにつけられている。この子を「アルマン」と名づけたことで、「アルマンと名前のついた個人が、この世の中に存在している」とみんなが認めた。しかし養父母は、その子の名前をわざわざ「フレデリック」に付け替えた。なぜ、この養父母はアルマンという名前からフレデリックと名前を変えたのだろうか。

その理由はこう推測することができる。アルマンは親に捨てられた不幸な子だった。新しい養父母はその過去を断ち切りたかった。これからは不幸な過去を断ち切って、幸せな子になってほしい、あるいは、そういう不幸によって縛られていない、賢いいい子になってほしい。そういう気持ちを込めてフレデリックという名前をつけた。親としては、善意以外の何ものでもないが、そう考えて名づけたがゆえに、「フレデリック」は名前ではなくなってしまった。

「アルマン」という名前は、その子の存在につけられたものだった。将来、立派な大人になるかもしれないし、大悪党になるかもしれない。職人、学者、芸術家……、あらゆる可能性が開かれている。「いろいろな性質を持つかもしれないアルマンがいる」ということを示している。つまりこの「固有名」は、どのような性質を持つか分からないからこそ、すべてにおいて開かれていた。

ところが「フレデリック」という名前は、「アルマン」という名前を断ち切るためのものだ。「あなたのかわいそうな過去を捨てて生きてください」との意味が込められている。だから「フレデリック」と呼ぶ度に、「あなたは幸せな子として、賢い子として生きていきなさい」という意味がそこには含まれることになる。もちろんプラスの意味ではあるが、彼が幸せであろうか、賢いだろうか、馬鹿だろうか――そういうことを含んでいない「アルマン」とは違うものだ。

言い換えれば、「アルマン」はただ存在を認めた名前だったが、「フレデリック」は、ある特定の性質を指し示したため「概念」に近い。つまりこの子は、生まれてすぐに「アルマン」という名前をもらったが、「フレデリック」に変えられた瞬間、名前を失ったのだ。

ドルトは、奪われた名前をもう一度彼に与えることで、彼自身を取り戻させ、問題を解決したのである。

「自由な主体」になるとはどういうことか

さて、ここで「自由とは何なのか」、そして、なぜ私たちはたくさんの自由があるような世界に生きているはずなのに、息詰まるような感覚を覚えるのか、といった問題に戻りたい。その理由を今の例をヒントにしながら考えてみよう。

人間が「自由な主体」になるとはどういうことか。人間は放っておけば「自由な主体」になるわけではない。ではどうすれば、責任を持った「自由な主体」になることができるか。

ドルトの治療でいえば、まず、「自由な主体」を確立させるために「アルマン」と呼びかけた。「アルマン」と呼びかけることは、誰かがその人の存在を一〇〇％認めてあげることにほかならない。一方、「フレデリック」は「存在」を認めるのではなく、その人が幸せで賢い人間である、という特定の在り方を示しているから、例えばテストの点が悪いなど賢くなかったら、その存在は認められない。「名前」は、無条件でその人の「存在を認める」ものでなくてはならない。

ここで少し「存在」について補っておこう。「存在」とはどういうことか。「自分はこれから存在しよう」と思って生まれてきた人はいない。誰もが誰かに生んでもらっている。つまり「存在」は誰にとっても、ただ「与えられたもの」なのだ。存在することを、自分の自由意志で選ぶことはあり得ない。

それからもう一つ、「存在」を考えるうえでポイントとなるのは、人はいろいろな行為をする、ということだ。その結果、「あなたのおかげですよ、あなたのせいですよ」など、人から褒められたり、罰せられたりする。このように私たちが、さまざまな自由を行使するための原点は、「存在していること」である。この「存在」とは、本人にと

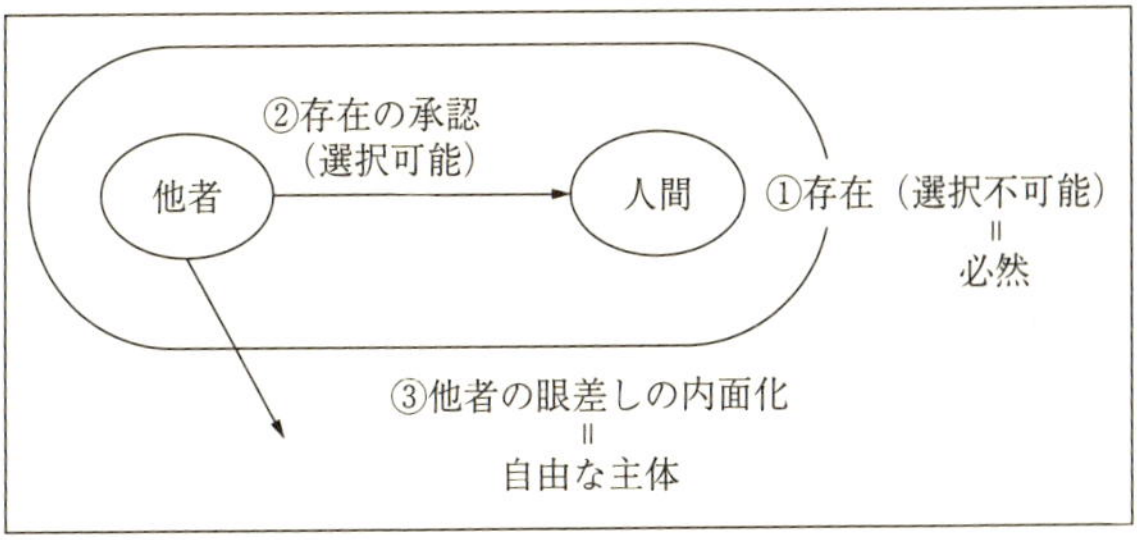

図　「存在」と「自由な主体」の関係性

ってはまず与えられたものである一方で、その後のあらゆる行為の究極の原因になっているわけだ。

そして、さらに「存在」は本人にとっては必然であるということだ。例えば、皆さんは桐光学園の学生である。これは皆さんにとっては必然でもなんでもない。別の学校に行ってもよかったはずだ。必然とは、もうそうなるほかないということだ。この授業を聞いていることも、いやであれば来なければいいのだから、必然ではない。また、一生懸命勉強しても、賢くなれるかは自分ではわからない。だから賢くなることも必然ではない。

人間が生きている間に行うこと、その結果いろいろな性質を持つことは、ほとんど必然ではない。しかし、皆さんにとって選べない、ほかにどうしようもないことが一つある。それこそが、この世界に「存在する」という事実だ。

「いない」ということはあり得ない。皆さんにとって、自分が存在するということは事実であり、必然なのだ。

そして、「存在」は「その存在を一〇〇％承認されると自由な主体に変化する」性質を持っている。その理由には、こんなからくりが働いている（図）。まず、他人から認めてもらうということ。この存在の承認には、「他人」の存在がどうしても必要だ。このとき重要なのが、自分にとって自分の存在は選びようがない与えられたものだが、他人はその人の存在を認めるか認めないかは、選ぶことができるということだ。馬鹿にしたり無視したりもできるが、あえて認めている。これがポイントだ。

なぜ人は、他人に認められたら「自由な主体」になるのか。それは他人が認めてくれたという、「私を認めてくれた他人の気持ち・眼差し」を内面化するからだ。そうすると、ただ与えられた自分という存在を、あたかも自分が自分で選んでいるかのような錯覚が生まれる。自分が自分の運命を選んだような気分、これが「人生を引き受ける」ということだ。こうして、ただ生まれたにすぎない自分が、「この人生を、責任を持った大人として生きよう」と思うとき、自分の存在を自分で決めた「自由な主体」に変身するのである。

人間が「自由な主体」になるためには

さて、フレデリックとアルマンの話で、先ほどはあえて触れなかった話がある。それは「アルマン」と普通の声で話しかけたときに効果はなかったのに、なぜ裏声やしゃがれ声を使った「オフの声」だと効果があったのか、だ。

この説明は、とても難しい。ただ、すでに言ったとおり、「オフの声」はどこからともなく聞こえてくるような声だ。外から聞こえてくる声は、天から降ってくるような、まるで神の声のように聞こえる。つまり、この「他者」＝「神のようなもの」に自分が認められることこそが重要なのだ。

「神のようなもの」とは、自分が尊敬し、信頼し、愛着を持っている人のことだ。全面的に信頼するような、自分よりも格の高い他者から、すべて認められているという感覚。この「神のようなもの」を担うのが、普通は親だ。もちろん親でなくてもいいし、親だけではない。だが、成長の最初の段階では、母親の占める割合が大きいだろう。母親、父親を一〇〇%信頼し、それに身を委ねるところからスタートする。やがて、父母以外の存在も、神のように感じるようになる。それは「世間」や「歴史」、または「人類そのもの」といった、観念的なものに変わっていく。

一般に、「自由」と言うとき、他人がいなければ一番自由だと思うだろう。他人がいると、相手のことを考えなければならないから、勝手なことができない。あるいは他人が邪魔するかもしれないから、「自由は妨げられる」と考えられている。

でも、今日の話は、そういう常識が間違っていることを示している。人間が「自由な主体」になるためには、自分の存在を認める他人の眼差しが絶対に必要だからだ。「他人がいると自由がない」ではなく、「他人がいなければ人間は自由ではない」のだ。「自由」は、もともと他人を含み込んでいる。そして、その他人とは神のようなはたらきをする他人のことだ。

ロシアの有名な作家であるドストエフスキーの『カラマーゾフの兄弟』という本の中に、「もし、神様がいなかったら、人間はすべてのことが許される」という言葉がある。神様がいなければ、何も禁止をする人がいないから、まったく自由じゃないか、と言っているのだ。だが、これは間違っている。神がいると不自由ではない。神がいなければ人間は不自由になる。この場合の神というのは本物の神様でなくてもいいが、人間は「神のようなもの」がなければ、自由にはなれない。

「自由」とは「責任」を担うことだ。英語で責任はレスポンシビリティー（responsibility）と言う。レスポンシビリティーとはレスポンス（応答する、応える）ができるということ、つまり「責任」とは、応答できることをいう。では誰に応えるのか。「神のような存在」が私に呼びかけ、その呼びかけに応じる。それが、責任を持つということの意味なのだ。

では、最初の問いに戻ろう。我々の社会にはあふれるほど選択肢があるのに、なぜ不自由に感じるのか。それは例えばこんな感覚だと思う。目の前には選択肢がいくらでもある。インターネットで情報が得られ、「好きな人生を歩んでもいいよ」と言われ、山ほどの選択肢がある。欲しいもの、買いたいものもたくさんある。そして、「この中からどれか選びなさい」と言われる。だけど、好きなものが何かわからないし、どれを選べばいいのかもわからない。これはどうしてなのかというと、現代社会の中で「神のようなもの」がなんらかの理由で弱体化してしまっているからだと考えられる。そのため自由になれない。

アキハバラの悲劇

そのことを示す例を一つだけ話そう。二〇〇八年に起こった秋葉原の事件だ。あの無差別殺人事件は、まさに「神のようなもの」が弱まってきているために起こった悲劇として見ることができる。あの事件を起こしたKは非正規の労働者だった。事件のきっかけになったのが作業服だ。職場に置いてあったはずの、つなぎの作業服がない。そのことに激怒し、彼は凶行に走った。しかし、おそらくこれは事件を起こす最後の引きがねに過ぎなかったのだろう。

私たちは、作業着が見つからないくらいのことで、なぜそこまで怒るのか、と疑問に思う。だが先ほどから述べていることと関連づけて考えてみると、その答えは明らかになる。

作業着であったつなぎは、明らかに個人に与えられていたものだ。それには名前がついている。いつもの場所に行ったら、自分のつなぎだけない。それは言い換えれば、「自分の名前が呼ばれていない」ということだ。神様が彼の名前を呼び忘れている。だからKにとっては、単に作業服がなくなっただけでなく、神に無視されたと感じても不思議ではない。

実際、彼は、呼びかけられたい、というメッセージを必死に世間に送っていた。例えば、インターネットの掲示板への大量の書き込みがそうだ。つまりそれは、誰かに応答してほしかったのだ。彼にとって神にあたるのは、インターネット掲示板を訪れる無数の匿名の人々、他者たちだ。その誰かに応えてほしい。でも、いくら書き込んでも神は呼びかけてこない。それで、刺激的なことを書いてやろうと、犯罪の予告までした。誰かに気づいてもらい、一言「やめたらどうか」と言ってほしかったのだ。

言葉の内容が重要なわけではない。「お前の存在に神様は気づいているぞ」と証拠が欲しかったのだ。ところが、現実は刺激的な犯罪予告を書いても、神様はスルーしてしまった。こうなったら最後の手だと、秋葉原で無差別殺人をした。秋葉原を選んだ理由は、おそらくKにとって、世界の中心だったのだろう。世界の中心でやれば神様だって気がつくはずだ、そう考えたのかもしれない。世界の中心で、これ以上あり得ないひどいこと、破壊的なことをやれば、さすがに神様も驚いて気がつくだろう。そう考えたのかもしれない。

つまり、Kは必死に神の眼差しを取り戻そうとしたのだ。最後に、この人のインターネットの書き込みの中で、すごくかわいそうな書き込みがあるので紹介したい。「ただいま、と、誰もいない部屋に向かって言ってみる」。向こうから「おかえり」と言ってくれる人がいればいいな、と思って書いたのだろう。でもいなかった。そして、ついに誰からも呼びかけてもらえなかった。この犯罪は、そのような構図だったのではないか。

私たちがこの自由な社会で感じる息苦しさや不自由さ。それは、自由になろうとして叶《かな》わなかったKの苦しみと同じなのではないだろうか。

◎若い人たちへの読書案内

是非とも読んで欲しい本の第一は、講義の中でも出てきたドイツの童話作家**ミヒャエル・エンデ**の『**モモ**』です。講義で話題にした「自由の牢獄」は、哲学的な寓話で、難解な部分もありますが、こちらは、豊かな物語を含んだ童話で、誰でも読めるものです。しかし、とても深い内容をもっています。タイトルの「モモ」は主人公の女の子の名前。『モモ』の主題は、「時間」です。この童話は、「自由の牢獄」とも共通する問いを背景にもっています。「自由の牢獄」は、あまりにもたくさんのドア、あまりにも大きい自由が与えられたがために、かえって自由を失う男の話でした。これと同じことを、「時間」と関係づけて考えているのが、『モモ』です。私たちは普通、一つひとつのことを、たとえば仕事や勉強をできるだけ速く効率的にこなせばこなすほど、よりたくさんのことができるようになり、自由も大きくなる、と考えています。だから、速くやろう、無駄な時間をなくそうと努力します。しかし、ほんとうにこれで、人はより自由になるのか。これが、『モモ』の問いです。

次のお薦めは、**角田光代**《かくたみつよ》の小説『**八日目の蟬**《せみ》』です。生まれてすぐに、誘拐されてしまった女の子の話です。彼女は、何の記憶もないときに誘拐され、誘拐犯（実は女性です）に連れられ、いろいろなところを巡りながら何年間も逃亡生活を送ります。結局、誘拐犯は逮捕され、主人公の女の子も、両親のもとに帰ることができますから、ある意味では、ハッピーエンドです。が、実は、ここまではまだ話の半分です。後半では、誘拐された女の子が、もう「女の子」ではなくなっています。二十歳の若い女性です。彼女は、ある苦しみをかかえています。なぜ、彼女は苦しいのか。そこを考えて欲しいと思います。この小説を推薦しているのは、実は、講義とも関係が深いからです。講義の中で、フレデリックとアルマンという二つの名前をもった少年のことを論じました。『八日目の蟬』の主人公も、二つの名前をもっています。彼女のどちらの名前が「フレデリック」に対応し、どちらが「アルマン」にあたるのか、も考えてみてください。人間にとって名前とは何か、ということについて深く考えさせられます。「八日目の蟬」というふしぎなタイトルが何を意味するかは、ネタバレになるのでここには書きません。

最後に、**見田宗介**《みたむねすけ》の**『宮沢賢治』**。宮沢賢治は、「銀河鉄道の夜」や「セロ弾きのゴーシュ」などの童話で知られている作家・詩人です。先に挙げた二冊に比べると、やや難しい本ですが、実に感動的な宮沢賢治論です。見田宗介は、実は、私の社会学の先生です。見田先生は、この本を、十代の若い読者に向けて書いています。よく読むと、たいへん明快なことが書かれていることがわかるはずです。宮沢賢治に、「学者アラムハラドの見た着物」という、ちょっとふしぎなタイトルの未完の童話があります。アラムハラドは、街はずれの柳の林の中の塾で、子どもたちに教えています。あるとき彼は、子どもに、「人間が何としても、しないではいられないことは何だと思うか」と質問します。ある子は「歩いたり物を言ったりすることです」と答える。別の子は、人は「善いこと」をしないではいられない、と少し感心なことを言う。最後に、アラムハラドが最も目をかけているセララバアドという子が答えます。「人はほんとうに善いことは何かを考えずにはいられないと思います」と。どこまでも考え続けるために、講義と、ここに挙げた本があります。

いま君たちは世界と
どうつながっているか

北田暁大

きただ・あきひろ
一九七一年神奈川県生まれ。社会学者。東京大学社会情報研究所助手、筑波大学社会科学系講師、東京大学社会情報研究所助教授を経て、現在東京大学大学院情報学環教授。広告などを対象として日本のメディアの現在を分析している。『嗤う日本の「ナショナリズム」』（ＮＨＫブックス）など著書多数。

グローバリゼーションとクールジャパン

今日は、何やらいやな空気というか、非常に真面目な感じが漂っていますね（笑）。ちょっと緊張します。不思議なもので、中学生、高校生に話をするのが初めてですので、どんな話をするのがよいかわからず、いろいろ考えたのですが、思いきって大学生に向けての講義を皆さんにわかりやすくした形でお話ししてみたいと思います。これからお話しするのは二〇一二年の夏学期に東大駒場キャンパスで一、二年生向けに行った講義とほとんど同じ内容です。小難しい社会学の理論や統計的な数字の部分は省略してあります。テーマは「世界と私という存在がいかにつながっているか」を文化に即して考えてみようというものです。難しい言葉はできるだけ嚙《か》みくだいて説明するように努めますし、話の中には皆さんに身近な流行語なども出てきますので、どうかリラックスして聞いてください。

最近、私もどうなるかとドキドキして行方を見守っているのですが、東京大学が秋入学を実施する可能性が強まっています。その理由の一つが世界の大学で多く採用されていること。すなわち主流になっている秋入学という国際基準に合わせ、海外から優秀な留学生を集めようとしているのです。私の所属する情報学環というところのＩＴアジアコースでは授業をすべて英語でやろうとしています。日本語ができなくても差し支えありませんからどうか世界中から来てくださいというわけですが、英語の苦手な私のような教員にとっては大変困った事態です。

大学の中のグローバリゼーション、世界とのつながりというのはとめどなく広がっています。私くらいの世代――私は一九七一年生まれで、今年四一歳ですが、私くらいの年代の人文系の学者たちは、英語はもちろん、外国語でものをしゃべるのが苦手です。私は英語もドイツ語も〝読むため、翻訳するため、解釈するため〟の道具として習ってきました。しかし、世の中の流れから考えると、皆さんの時代には英語は当たり前、英語のほかに二カ国語ぐらいは習得しておいたほうがよい、しかも読める、書けるだけではダメで、しゃべれなければならないという大変な時代になるわけです。

このように日本と海外との垣根がなくなる、「グローバリゼーション」の流れが一つとすると、それとは反対に海外が日本的なものを受け入れる流れがあります。その流れは「ジャパニゼーション」と呼ばれています。

いま、日本のアニメーションは世界的な話題になっています。特に日本の限られた愛好者だけにしか通用しなかった、オタクコンテンツと呼ばれる漫画やアニメが世界の各地に広がっています。そのほかファッションなど海外で評価されている現象を総称してクールジャパンと呼んでいます。

これから皆さんはグローバリゼーションの波をかぶることは当然ですが、外に出て自己実現する生き方をとるのか、自分が好むドメスティックな世界を大事にするオタク系の方向に行くのか、個人的な選択が必要になると思います。そんな日が来た時にストリート系もオタク系もおたがいに尊敬しあう社会をつくれるか、今日のお話ではそこを意識してみようと思います。

「便所めし」、「友だち地獄」からコミュニケーションを考える

その前に、ここ二〇年ぐらい私が勉強してきた社会学を通して、身の回りのコミュニケーションをとらえてみたいと思います。皆さんの世代では携帯電話は子どもの頃《ころ》から

身近にある道具でしょうが、私たちの世代は途中からその恩恵に浴したので、携帯の出現前と後で自分の生活がいかに変化したかがよくわかります。

このようなモバイルメディアを持つことで、いつ、どこにいても、誰とでも、即時話ができるようになり、人と人とのコミュニケーションは格段に進化しました。しかし一方では、どこにいても携帯の呼び出し音が鳴る、また自分から相手に早く連絡しなければならないと、常にせき立てられるような気持ちになるのも確かです。コミュニケーション手段が便利になると、かえってプレッシャーを感じる場合も増えてきたのです。

「都市伝説」という言葉を聞いたことがありますか？　都市伝説とは東京のどこそこで、深夜、タクシーに乗せたはずのお客がとつぜん消えた。というような嘘《うそ》か本当かわからないが、つい信じたくなる都市の噂《うわさ》のことを言います。

この話も都市伝説に近いと思うのですが……「便所めし」って言葉、聞いたことがある人いますか？（多くの手が挙がったのを見て）なんだこんなに多いのか！　ということは皆さん、人間関係についての問題を切実に感じているのかな？（笑）

「便所めし」とは学校の食堂などで、ひとりで食事をしていると、あいつは友だちがいないやつ、友だちもできないヘンなやつという目で見られているような感じがする。それを恐れて、手洗いの個室でひとりで食べるというスタイルです。朝日新聞の一面に取り上げられてからすっかり話題になりました。

はじめは都市伝説の一つにすぎないと思っていたのですが、周囲の大学生たちに聞いてみると、結構リアルで、ひとりで弁当を開いたり食事しているところは見られたくないという。私なんかひとりで本を読みながら食事するのが好きだから、その感覚がわからないのですが、やはり身に覚えがある人がいるのでしょうね。「便所めし」のほかにも「友だち地獄」という言葉もあるようですね。

そういう言葉が出てくる背景には若い世代が置かれた情報環境の変化とそれに伴うコミュニケーションの断絶が見えてくるのではないでしょうか。まず、君たちの周囲を見てください。いつも使っているモバイルメディアは携帯電話、パソコンなど多様化しています。つまり友人関係、人と人との関係性を維持するメディアが多様化しているということです。そうした中では、それらを活用していきいきとしている人、疲れてしまう人、楽しめない人の差が当然出てきます。その差はどこから生じるのでしょうか。

友だち関係だけではありません。近頃、社会学の分野で問題になっているのはコミュニケーション能力です。人間の能力にはいろいろあって、たとえば勉強ができるとか、運動にすぐれているとか、体力がすごくあって牛馬のごとく働けるとかありますが、それぞれ判定基準があります。しかし最近の社会で求められているコミュニケーション能力は少し違います。よく企業が人を採用する時にコミュニケーション能力を重要な基準として挙げますが、コミュニケーション能力とは簡単には定義できないものです。

最近ネットで見つけた産経新聞の調査では、企業が求めるコミュニケーション能力検定というのがあることも知りました。

仕事の現場ではコミュニケーションが大事だとよく言われます。確かにそうですが、では「誰がどう能力を測定し」、「それを高めるようにどう指導するのか」。コミュニケーション能力の必要性を力説している人事課長あたりを見ると、どうもその能力はありそうにも見えないのが実情です（笑）。

「コミュニケーション能力」は内容が不明確なまま、いつの間にか人間に必要な「能力」になってしまっているのではないか、私はその曖昧《あいまい》さを危惧《きぐ》しています。何かの基準で評価される実績やそれによって生じる社会との関係ではなくて、コミュニケーションは人と人の関係です。そこには特に基準はなく、相手によって柔軟に変化するはずです。しかし、その関係性だけが取り上げられ、能力などと言われて、妙に推奨されるのはいかがなものでしょうか。

なぜ、友だち関係が大事になったのか

少し古いデータですが、二〇〇八年の内閣府の国民生活に関する世論調査があります。ここには二五歳から三〇歳の人を対象に「どういう時に充実感を感じますか」という設問があります。この調査は一九七五年にも実施していますが、同様の設問に対して一位だった答えは「家族団らんの時」でした。二位が「仕事に打ち込んでいる時」、その下が「友人・知人と会合・雑談している時」でした。

それが二〇〇八年の調査では「友人・知人と会合・雑談している時」が一位に上昇しています。一般に、最近は人間関係が希薄になり、リアルではなくなったとよく言われていますが、それとは反対の結果が出ているのです。ほかの調査を見ても、昔よりも今

の若者のほうが友人関係を重視している。友人も多く、親友がいる。と答えている人が多いのです。

一九七〇年代というと、皆さんのご両親が皆さんぐらいの頃でしょうが、調査を見る限り、人間関係は今よりも希薄だったように見えます。現在ほどコミュニケーションが重視されていなかったので、かえって楽に生きられたのではないでしょうか。

それでは、現代の人間関係、特に友だち関係についてもう少し深く考えてみましょう。人間関係には、「学校における先生と生徒」とか、「職場における上司と部下」という制度内的な関係もありますが、友だち関係はこれとは違います。

皆さんに友だちができる時のことを考えてみてください。

趣味が合うとか、何となくノリが合う、同じアーティストが好き、同じ漫画を愛読しているとか、いろいろな理由があるでしょう。しかし、必ずしもそういう理由だけで説明できないのが友人関係です。

よく小説や漫画に描かれている「やっぱり友だちなんだ」という関係で、利害がからんでいても、表面的にはそれを超越しているように見える関係です。異性間だと恋愛感情もからむので、さらに複雑です。制度内的な関係のように図式化はできません。

なぜ友だち関係が息苦しい？

いま紹介した調査によると、この三〇年間で友人関係の重要性は上がってきました。ということは、多くの人が自分を取り巻く人間関係に無関心ではいられなくなったことを示しています。その中では人間関係にプレッシャーを感じる人も多くなります。

先ほど話に出た「友だち地獄」という言葉は土井隆義《どいたかよし》さん（社会学者）の著書の題名です。土井さんはこの本の副題を「「空気を読む」世代のサバイバル」とつけていますが、人間関係に気を遣い過ぎるあまり息苦しくなる社会のリアリティを恐ろしくなるほど感じさせます。では、なぜ友だち関係がこれほどまで重視されるようになったのか。ここからはモバイルメディアの発達と考え合わせてみましょう。

この二〇年余りを振り返ると、一九九五年にウィンドウズ95が発売されて爆発的に普及し、二〇〇〇年頃にはほぼ頂点に達します。皆さんが物心ついたときにはすでにおうちにパソコンがあったのではないでしょうか。どこでも書き込みができる、あの有名な

「2ちゃんねる」もその頃に現れました。

一九九七年頃にはPHSが誕生、その普及によって価格も安くなったので、多くの若者が持つようになりました。このようなモバイルメディアと人間関係にはある種の関連性がうかがえます。

深読みを可能にしてしまう社会とは

携帯電話やインターネットなどのモバイルメディアはいつでもどこでもつながるという可能性を持っています。逆に言うと、もしつながらない場合には、その持ち主によって何らかの選択がなされたと判断される可能性があります。携帯にかけても相手が出ない、メールを送っても返信がない場合、「出ない」、「返事が来ない」のはなぜか。相手は自分を遠ざけようとしているのではないか？　友だちとしてのランクが下だから軽視しているのではないか？　など、つながらない理由をいろいろと深読みしがちです。

私たちが皆さんと同じ年代の頃には電話は家に固定電話が一台、外に出ると公衆電話を探すという環境でした。だから相手につながらなくても気にしない。むしろ珍しく一発で出た時などは喜んでいたものです。そんな環境では深読みとは無縁ですね。

モバイルメディアが発達するにしたがい、相手にすぐつながるか、つながらないかだけでなく、さまざまな状況で相手との関係性を深読みするようになりました。携帯電話が関係性の深読みを可能にしてからはすべての生活時間・空間が関係性の場になったとも言えます。

ここで携帯電話以後の人間関係の変化を学者たちはどう捉《とら》えてきたかについてざっと眺めてみます。二〇〇三年にサル学の研究者、正高信男《まさたかのぶお》先生が『ケータイを持ったサル――「人間らしさ」の崩壊』という本を書かれました。携帯電話を持った女子高生たちとそうでない女子高生のグループの比較実験をするなど、ちょっと手続き的には疑問もある著作でしたが、おもしろい本でした。若者たちの携帯使用、コミュニケーション行動に批判的な議論やいろんな言葉もその頃から出てきました。

いちばん古くは「コミュニケーション不全症候群」、これもよく使われた「マサツ回避世代」。複数の人間が集まると、摩擦が起こらないように気遣う。暗黙のうちにその場の空気を読み取って、同じ雰囲気を共有しようとする。「空気の読めないやつ」という表現でいわれるものですね。

しかし友情なんてそんなものじゃない。昔は夜通し酒を飲んで、議論して喧嘩《けんか》になって、殴り合って、最後に川べりみたいな場所でふたり倒れて、おぬしやるなあなんて言い合う、それが友情だというイメージを描く人もいましたが、私に言わせれば、昔だってそんなのはない（笑）。コミックの世界の話ですね。

しかし、そういう話までを含めて、携帯以後の若者バッシングはメディアを通してかなり広がりました。

これらに対する反論は二〇〇〇年代初めから研究者サイドから多く出てきました。一般に流布していたのは携帯使用による公共性の欠如、すなわち携帯電話を使えるようになると、社会に対する関心がなくなる、いつも自分のことばかり考えているから社会意識がなくなるという議論ですね。ところが実際に調べてみるとそんなことはない。嘘じゃないかという話ですよね。

そういった研究はどんどん登場しましたが、深刻だったのが携帯以後の社会における就職や職場の労働がどう変化しているのかについての指摘です。本田由紀《ほんだゆき》先生（教育社会学）は特に若者の就職や労働についての研究を続けられていますが、著書の中で「ハイパー・メリトクラシー」という言葉を使われています。

日本の産業社会は実力主義で成長してきましたが、その基礎になるのがメリトクラシー、業績評価です。まだ職場を体験していない就職志望者にもこのメリトクラシーが適用される。どんな能力を持っているか、未来の可能性を評価しようとするのです。インターンシップ（学生の就業体験）や面接がその機会ですが、本田先生の指摘によれば、このメリトクラシーが飽和しているというのです。目に見えない、測りようがない能力までを査定し評価しようとする。先ほど話したコミュニケーション能力はその代表例です。ハイパー（超）メリトクラシーと名付けられた理由はそこにあります。そういうものまで評価されてよいのかというのが本田先生からの問題提起です。

さてここまでが私の講義の前段階です。これからは、皆さんの目の前にあるリアルな社会とモバイルメディアで結ばれたコミュニケーションとの関係、そしてリアルな社会、コミュニケーション社会の両方で生き延びていくためにはどんな知恵を働かせたらよいかを考えて、最終的にはグローバリゼーションと文化に絡めてお話を進めたいと思います。

リアル世界とヴァーチャル世界　携帯で実況中継する理由

私が大学の教壇に立つようになった一九九九年頃の話です。当時、私は成蹊《せいけい》大学の非常勤講師をしていました。大学に行くために中央線に乗っていたのですが、車中で忘れ難い体験をしました。

当時は不思議なファッションが流行っていて、ぽっくりのような厚底のサンダルをはいて、顔に真っ黒なお化粧をした女の子が街中をうろうろしていた頃でした。そんなスタイルの女の子が二人くらい、ぺちゃくちゃと、いまいち解読困難な言葉でしゃべっていました。そこにちょっと怪しげな、これはやばいかなって感じのおじさんがニコニコしながら女の子たちに寄ってきて、限りなく近づくのですよ。彼女たちは気味悪がって、「うわー、キモー」なんて言ってるんですが、次の瞬間携帯を出して友だちに実況中継を始めた。その内容はこれから危機を脱出するわーという話です。私はなぜ逃げる前にリアルタイムで実況中継するのか、不思議な気持ちで眺めていました。

でもよく考えてみると、花火大会に行って、花火が上がるのを肉眼で見ることなく、ずっと携帯でカシャカシャやっている人がいる。野球に行ってもカシャカシャでしょう。どうも友だちに自分の前で起こっていることを伝えるほうが、目の前で起こっていることを見るよりも大切。そんな行動があちこちで見られるようです。最近では食事に行った時にツイッターで目の前のメニューを報告するほうが味わって食べるよりも大事なのか？　と思えるような行動が街の中のいたるところで見られますね。

実はそういう傾向は携帯以前にもありました。文明批評で有名なスーザン・ソンタグという人の写真論には、「今や世界は写真に撮られるために存在する」というのがあります。確かに海外旅行に行ってもずっと写真を撮り続けている人がいますよね。目の前にある美しい眺めに感動したり、街の風景を楽しんだりせずに、ガツガツと義務感のように写真を撮り続けている。

昔、欧米人が描く日本人は、出っ歯で眼鏡をかけて首からカメラをぶら下げている姿に戯画化されていましたが、もちろんそれには理由があります。まだ海外旅行が珍しかった時代、写真というものが珍しかった時代には、行った先で写真を撮ることには記録性以上の意味があった。帰ってから家族や友人に説明するためのコミュニケーション手段であり、思い出づくりでもあり、なにか祈りをこめた儀式でもあったのです。これは現代の携帯電話にも置き換えられることです。携帯では同時中継ができるからコミュニケーション性はより高まります。

現在のリアルな出来事をネタにしてみんなでコミュニケーションする、後で楽しむよりも、今ここで楽しもうという感覚に応えたツールができて、それが広まった結果ですね。

フラッシュモブと大規模オフ、その実例を見る

皆さん、フラッシュモブと大規模オフという言葉を知っていますか。モブとは群衆、暴徒、やじ馬などの意味がありますが、フラッシュモブとは瞬間的な群衆行動、不特定多数の人間が公園などに集まってすぐに解散するような行動のことです。大規模オフとはそのスケールが大きいものです。こう定義しなくても、ああいうことかと実例が浮かんでくるのではないですか。

日本での実例はたくさんあります。これはモバイルメディアが発達するにしたがって現われた一種の遊び、いたずらです。ネットで呼びかけて、何日の何時何分にどこそこに集まろうと決めると、わぁーっと集まってきて、終わるとすぐに消えて行く。「2ちゃんねる」がそのきっかけとなったものも多く、私はそのいくつかを記憶しています。映像を東大駒場キャンパスでの授業でも使いました。「吉野屋同時多発オーダー」、「湘南海岸ゴミ拾いモブ」、映画マトリックスにちなむ衣装を着て渋谷に集まった「マトリックスモブ」などいろいろありました。

ここでは大規模モブの実例を二つほど紹介しましょう。二〇〇二年、日韓ワールドカップのフジテレビの放送に対して「2ちゃんねらー」の間で抗議の声が上がった。それを行動で示そうとしたなかで、フジテレビの27時間テレビの企画のなかに湘南海岸ゴミ拾い作戦というのがあったのでそれを利用しようとしたんです。これは海岸のゴミを拾って、あきれいになった、海は美しいねという、心温まる出来事を期待した企画なのですが、「2ちゃんねらー」は何を考えたか、その前の真夜中にゴミを全部拾ってしまい、放送の当日に番組の作り手が戸惑うのを見て、ギャハハと笑おうとした。近くに住んでいたので、私も見に行きましたが、この作戦は大成功でした。しかし、最初はテレビ局への抗議の声から出発したものですが、いつのまにか、遊ぶほうが目的になっていますよね。

広島折り鶴プロジェクトというのもありました。広島の平和記念公園の折り鶴が焼かれる事件があって、その代わりに鶴を折って送ろうという呼びかけが「2ちゃんねる」でなされたところ、またたく間にそれが広がり、最終的には六〇万羽だかが集まり公園が埋めつくされた。その時の呼びかけの言葉が、「政治的信条を抜きにして、とにかく折れ」、「やらない善よりも、やる偽善」でした。これも一種の祭りですね、祭りというのは政治的立場が右にも左にも振れるので、祭りをやるということは重要なポイントです。

オタクの思想とストリートの思想

目を海外に転じてみると、フラッシュモブと大規模オフとでは雰囲気の違いを感じます。フラッシュモブのほうが政治性が強い。二〇一一年に世界的な話題となった

Occupy Wall Street（以下オキュパイと表記）、世界の経済の中心地ウオールストリートを占拠せよという呼びかけに応じてそれに賛同するアーティストや運動家が世界の各地からやって来て、フラッシュモブを行いました。

また昨年、私はヨーロッパに滞在していましたが、原発に反対する抗議行動としてのフラッシュモブが盛んに行われていました。しかし、右か左かという政治的な色合いはあまり感じられず、アーティストがネタをつくっている事例が多かったようです。それでもある程度の政治的メッセージとの関連性は感じられました。

なぜフラッシュモブとアートが結びつくのか。東京藝術大学で教えている毛利嘉孝《もうりよしたか》さん（社会学者）が『ストリートの思想』という本の中で興味深い指摘をされています。毛利さんによって、オタクの思想とストリートの思想が対比的に取り上げられているのですが、オタクの思想はアニメや漫画、ライトノベルの文化に根ざし、ストリートの思想は音楽やファッション、日常生活の体験に根ざしているといいます。

この違いについてですがストリート系は、いま自分の世界の外側にいる連帯者、すなわち一緒になれるんじゃないかと思われる人たちにネットを通じて呼びかけます。ネットワークづくりの媒体としてネットを使う。そして街に出ると、音楽やファッションが連帯のシンボルになります。これに対してオタク系はネットのほうが舞台です。ネットでつながりを確認することが先で、行動は二の次です。前に例をあげた大規模オフもネットを舞台に動きが始まり、その動きそのものを楽しんでいた。だから音楽やファッションとはあまり関係がありません。

大規模オフはなぜ衰退したか

私はオタクとストリートをここまで明確に二分する考え方を必ずしも全面的に肯定はしませんが、毛利さんの説はフラッシュモブが持つ二つの方向性を示していると思います。確かにフラッシュモブにはオキュパイに見られたような連携性が多く見られるし、サウンドデモともいわれるように音楽とも強く結びついています。

二〇一一年は中止になりましたが、さまざまなセクシャリティの自由を求めて行われるベルリンのラブパレードは大音量の音楽を流してみんなで練り歩く形式です。

最近では大規模オフが衰退しているのは事実です。あまり大きな動きは感じられません。その代わりにニコニコ動画が主流になってきたように感じます。実際に流れている画像にいろんな人が書き込みができるニコニコ動画では、テレビで同じ状況を視聴しながら一緒に行動しているようなコミュニケーションが生まれているのではないでしょうか。

フラッシュモブには都市空間がかかわってきます。われわれが現実に生きている生活空間に共にいること、音楽やアートを持ち込むことで心が高まり、一緒に生きているという共同性の感覚が生まれてきます。しかし、大規模オフは都市空間に人が動くとはいえ、都市はあくまでネタであり、ネット上のコミュニケーションのほうがリアルです。政治的なメッセージは二の次です。

フラッシュモブとストリートの思想、大規模オフでのオタクの思想。この二つを分けて私の考え方をお話ししましたが、この二極対比だけを日本の特徴として取り上げて、日本は特殊であると考えるわけにはいかないと思います。

ここで最初に申し上げたクールジャパンとグローバルの対比についてに戻ります。クールジャパンとして政府が音頭を取って海外に輸出されているアニメや漫画はオタクコンテンツが中心です。一方、期待されるグローバル人材のイメージは、英語を自由に話せて、世界各国を渡り歩いてビジネスをして、フェイスブックで繋がっているような有能で外向きの人材です。

この両者はまったく対極にあるのでしょうか？

海外で広がっているのは日本のオタク文化ではない

私が一年間ドイツにいて面白かったのは、ドイツにもオタクがたくさんいて、日本のコンテンツが非常に流行していたことです。書店では日本の漫画が売られているし、漫画のキャラクターのコスプレ大会も盛んでした。しかし、その現象は日本文化が広がっているのではなく、新しいコミュニケーションの作法が広がっているのであるということにしだいに気がつくようになりました。

アニメや漫画が人気を呼んでいる理由は、キャラクターではなく、物語の構成の面白さ、内容よりも形式に注目して読者はそれぞれの好みにしたがって作品を自分のものにしているからではないでしょうか。

このような方向に目を開かせてくれたのは、批評家として知られる東浩紀《あずまひろき》さんにデータベース消費という言葉を提示されたことがきっかけです。データベース消費とは、物語や内容、そういったものを通じて世界観を消費していくという形態はもうなくなったのではないかというもので、最近のアニメオタクコンテンツからその傾向を読み取り、デ・ジ・キャラットというキャラクターを例にあげて説明されていました。デ・ジ・キャラットは最初、物語とは関係なくゲーム会社のキャラクターとして使われていましたが、どんどん一人歩きしていった。その際に重要なのは、デ・ジ・キャラットがどういう物語の中に埋め込まれているのか、どんな世界にいるのかでなく、そのキャラクターに付随する「しっぽ」とか、「猫耳」とか、「緑の髪、大きな手足」とか具現化された断片みたいなものに対して「萌える」こと。「萌え」とは、物語的な共感と違って、部分に対するいわゆる動物的反応ということです。

現代のアニメオタクコンテンツは、いかに世界観を提示するかではなくて、いかに「萌え」どころの断片を提示するかによって成否が変わってくるのです。

アニメ、漫画の広がり方

批評家としての東さんの説に触発されて、私は社会学者としてデータに即して漫画の読み方を次の三通りに類型化してみました。

第一が移入。これはまず作品に感情移入すること、第二が表層受容。これは物語の展開よりも、キャラクターとか、描き込まれた断片などに重要性を見出《みいだ》すこと。東さんが指摘されるデータベース消費はこの段階にあたります。第三が自己陶冶《とうや》、教養のために漫画を読むこと。大作漫画にはこんな受容の方向性が見られます。

ここで重要なのは、第二の表層受容です。キャラクターが気に入れば関連グッズがほしくなる。絵柄が魅力的であれば、作品のストーリー展開にこだわらず、別のシチュエーションで接したくなる。つまり作品の二次創作を促すということです。

熱心な読者は同じ登場人物で原作とは違うストーリーを考えて、仲間うちで回覧したりする。それが二次創作の初歩です。

そう考えてみると、日本のアニメや漫画が海外に広がる理由としても表層受容を通じたコンテンツの認識があるでしょう。

ドイツでは『鋼の錬金術師』や『ONE PIECE』という作品が大人気でした。コスプレ大会では自分なりに工夫したコスプレが目立ちましたし、漫画をどんどん自分で描いたりして、二次創作も始まっていました。これは作品を通じての受容様式、コミュニティの作り方のグローバル化が始まっているということで、作品の世界観が世界を覆っていると考えないほうがよいと思います。

世界は連帯できる

秋葉原で行われていた路上のダンスについてもドイツの人たちと話しました。秋葉原の特殊性とか、このパフォーマンスの社会性ではなく、ダンスそのものの踊り方とかコスプレを作っていくときの素材の話などの方が盛り上がる。

私はかつて日本で映画やドラマを中心としてアメリカ文化が全盛だったことを思い浮かべました。その広がり方はやはりコンテンツの力でした。コンテンツがその国の文化消費を変えたのです。しかし、いま日本発のジャパニメーションの力は、一見コンテンツによるものに見えますが、先ほどからお話ししているように実は表層受容にかかわるさまざまなニーズを引き出し、グローバルなコミュニケーションが生まれているのだと考えたほうがよいかもしれません。

ほどほどの都市に足を運ぶとそこにも日本のアニメや漫画愛好者のコミュニティがありました。しかし、そこでは作品の現物が手に入りにくいので「あれを読んだ」、「観た」という話はあまり交わされていない。そこで何をしているかというと、絵柄とかキャラクターの衣装などを材料にして盛り上がっているんです。

日本では非リアとかリア充とかいいますね。ヴァーチャルな世界ではなく現実の世界が充実しているのがリア充、そうでないのが非リアですが、ドイツのオタクたちを見て、そんな対比は無意味だと思いました。彼らはヴァーチャルな世界から取り出したものをリアル化して人間関係を広げて楽しんでいるのです。

今日はオタク系とストリート系に分けてお話ししましたが、グローバリゼーションにかかわる問題にもこの二つの要素があると思います。今までに見てきたオキュパイ、フラッシュモブ、アートやストリートパフォーマンスなどを用いた身体性の広がりはとめどなく広がるでしょう。オキュパイに見られるように政治的なメッセージがそこに載せられる場合もあります。まさしくリア充な広がりです。

　ではヴァーチャルな世界を優先するオタクと呼ばれる人たちは日本に閉じこもっているのか？　そうではない。世界中の同じようにヴァーチャルな世界を優先する人たちとの連帯の可能性があるのです。一見、非リアに見える人たちが日本のメディアコンテンツを素材にして世界的なコミュニケーションを築いているともいえるかもしれない。

　これから先、皆さんは世界中のいろんな人に会わなくてはならないでしょう。しかし、英語が自由に話せて教養があって……というグローバル人材のイメージを固定化して考える必要はありません。相手の何と共感するかによって、いろいろな形での国際化があります。グローバル化の多様性を念頭に置いて、世界に目を向けてください。


（※本稿の元となった講義は、二〇一二年一〇月二七日、桐光学園にて行われた。）

◎若い人たちへの読書案内

スティーヴン・J・グールド『人間の測りまちがい』

みなさんは自分のIQの値を知っているだろうか。わたしは知らない。みなさんは受験のときの自分の「学力」、というか偏差値をなんとなくでも覚えているだろうか。わたしは何となく覚えている。みなさんは自分の身長や体重を覚えているだろうか。体重に関してはわたしは自信がない。ともあれ、現代に生きる私たちは社会のなかで様々な数値によって「測定」されている。測定器で測れるものの他にも学力や知能、適応力……それらの数字が私たちの人生を左右する。しかし立ち止まって考えてみよう。あなたの偏差値は本当に「学力」だろうか。「学力」の定義にもよるが、偏差値は試験のやり方、選択科目数でも変わってしまうし、そもそも英語の学力と数学の学力を足した数値は何を意味しているのだろうか。

近代社会・科学は人びとの不可視の内面や能力を測定するために様々な方法を試してきた。頭蓋骨の重さを測ったり、骨相を人格と結びつけたり、テストをしたり。しかしそれで測られているものは一体何だろうか。そうした「測定される」ことによってその実在が確認されるような存在が、どのような社会的・歴史的文脈の中で作られ、またどのような社会的効果（人種差別、性差別など）と結びついてきたのか。数字に囲まれる現代を考えていくうえで重要な手がかりを与えてくれる稀代《きたい》の進化論者の書。

ゲオルク・ジンメル『社会学の根本問題』

いわゆる社会学の始祖のひとり、ジンメルの綱領的な書。「社会とは何か」というとものすごく重い問いに響くが、私たちが何気なく生きている日常世界、友だちや家族とのとりとめもない会話もまた「社会」的なものである。意味を介した他者との相互行為は、どのようにして、いかにして成り立っているのか。そのあり方を、具体的な事例を挙げながらジンメルは丁寧に説明してくれる。

コミュニケーションとか相互行為とかいうと、私たちは「頭のなかに描いた意図」が相互に交換されるイメージを持ってしまうが、本当にそれは正しい相互行為の描写なのだろうか。勘違いや誤解なんてたびたびあることだし、それでも一定程度の秩序をもってコミュニケーションは継続される。怒ってその場を去ることだってコミュニケーションである。ジンメルはさまざまな形式を持つ相互行為のあり方に焦点を当て、その根底にある「社交性」を抉《えぐ》り出す。LINE疲れ、Facebook 疲れした人たちは、一呼吸してジンメルの診断に目を通してみるといいかもしれない。

大庭健『はじめての分析哲学』

人生の不条理や恋愛の失敗に心が折れそうになったとき、思わず哲学書のコーナーを散策してしまうタイプのひとは、ひとまずは、あまりニーチェとかハイデガーとかデリダとかに近寄らないほうがいい（あくまで、「ひとまずは」）。ここでもまた一呼吸して、高校生ぐらいまでの読書環境ではたぶんあまり出合うことのない「分析哲学」というのに触れてみることをお勧めする。分析哲学とは何か、というのはそれ自体十分な哲学研究のテーマになるぐらい難しい話だが、二〇世紀以降、記号論理学の発展と手を携え、概念や言語の意味論的・語用論的分析に焦点を当ててきたある種の哲学のスタイルと言っておけばさして間違いはないだろう。行為や出来事の分析にいきなり論理式が出てきたりして面食らうかもしれないが、ある意味で哲学の王道をいく論理ゲームの世界である。分析対象には「美」「正しい」「善い」など様々な概念が並んでいるので、別にそんなに色気のないものではない。哲学には好みというものがどうしても出てしまうが、分析哲学を意識しながら、ドイツやフランスの近代哲学を眺めてみると、また違った哲学の像が浮かび上がるだろう。入門書は数多くあり本書はかなり古いものだが、全くの初心者の心を揺さぶる力を持つ書であると思う。

キャプテン・クックの航跡

多木浩二

たき・こうじ
一九二八年兵庫県生まれ。五六年東京大学文学部美学美術史学科卒業。千葉大学教授、神戸芸術工科大学デザイン教育研究センター客員教授を歴任。専攻は哲学、文化史。建築や美術、写真などの表象文化の批評から哲学・思想、歴史など幅広い執筆活動を行った。著書に『生きられた家』、『天皇の肖像』、『シジフォスの笑い』など。

クックの生きた時代

キャプテン・クックという一八世紀のイギリスに生きた航海者について考えるとき、時代背景について知っておく必要がある。クックの航海は、一般的にイメージされているような英雄が未知なるものと遭遇し続けた単なる冒険物語ではなく、社会の中で主流となる思想の変化、政治的な仕組みの変化、学問の発達といった事柄を具現化した活動だったといえるからだ。ヘーゲルの言葉を借りれば、クックはまさしく「世界史的個人」であった。

一六世紀までのヨーロッパでは、自然と理性は調和しているという考え方が一般的だった。しかし、フランシス・ベーコンという哲学者が登場して以来、先入観や偏見にとらわれない「経験」に基づく知が重視されるようになり、自然と理性は必ずしも調和するものではない、という思想が一八世紀のイギリスを中心に広まっていった。このような思想的な大変動期に、実証主義を実践した例がクックの航海だったのだ。

次に当時の政治体制を考えると、一七世紀にはあいまいなかたちでしかなかった国民

〈キャプテン・クック〉ことジェームズ・クックは、1728年、イギリスのノースヨークシャー州に生まれ、イギリス海軍の軍人として太平洋を航海し、1779年にハワイで死亡した

国家が一八世紀になって確立した。強固な枠組みと民衆の統制から成り立つ国民国家は、次第に覇権主義的傾向を強め、やがて帝国主義へと発展していく。イギリス海軍の軍人であったクックの航海を考えることは、ヨーロッパ近代の知が形成される過程であるとともに、国民国家や帝国主義、そして植民地時代を考えるきっかけにもなるのだ。

最後に学問の発達の観点からいえば、一八世紀は実験主義に基づく学問、つまり経験にのっとった科学が急速に発達し始めた時代だった。ガリレオやライプニッツの頃のように、予測に基づいた科学が主流ではなくなってきたわけだ。その発端となるのが、博物学と地理学だった。クックの船にもジェントルマン、ジョゼフ・バンクスの率いる博物学者の一団が乗り込み、クック自身も観察力および地図の製作に大変長《た》けており、膨大な数の地図を描いた。クック以前にも何人もの航海者が太平洋に漕《こ》ぎ出していったが、ヨーロッパ人の目に見えるかたちで記録を残したという点ではクックが初めてと言ってよい。

以上のような観点から、クックの航海は近代の黎明《れいめい》期に位置し、また新しい時代へと導いていくきっかけともなった。彼の航海はヨーロッパの人々を未知の世界へと駆り立てる知的な活動だったのだ。以下、彼の航海が果たした意味を見ていこう。

クックの三回の航海がそれぞれ目指したもの

クックは合計三回の大航海に出ており、毎回違った科学的、ないしは地政学的な目的を持っていた。

一七六九年の六月に太陽面を金星が横切るという天文学的な出来事が起こる。第一回目の航海では、それを地球のいくつかの地点から観測することになり、太陽と地球、金星と地球それぞれの距離を割り出そうという目的を持っていた。また副次的な目的として、以下のようなことがあった。一六世紀の世界地図を見るとヨーロッパ、アフリカ、アメリカ大陸のかたちはほぼわかっていたが（図1）、精密度においては極めて不十分だ。地図の南方にある白い大きな大陸は、昔からヨーロッパでは「テラ・アウストラリス・インコグニタ」（図2）――「テラ」は地球、「アウストラリス」は南、「インコグニタ」は知られていない、という意味――つまり「南方にある知られざる大陸」と呼ばれていて、地球の南方には大きな大陸があるという神話が存在していた。後に南極大陸が発見されているから確かに大陸はあったのだが、クックの航海には「テラ・アウストラリス・インコグニタ」の存在を確かめ、もしほんとうに存在するのならイギリスの領土にしようというもくろみがあった。

第二回目の航海では、一七七一年に最初の航海から帰ってきたその翌年の一七七二年に出発し、一七七五年に帰ってきた。この航海では、最初の航海で確認できなかった「テラ・アウストラリス・インコグニタ」を直接目指すことになり、南極の周りを回りながら可能な限り接近して、大陸の存在を確かめようとした。もし発見できれば、地理学上の大発見になる。今でこそ南極は南極基地が置かれ当たり前のように人の出入りが

図１　1587 年のオルテリウスの世界地図

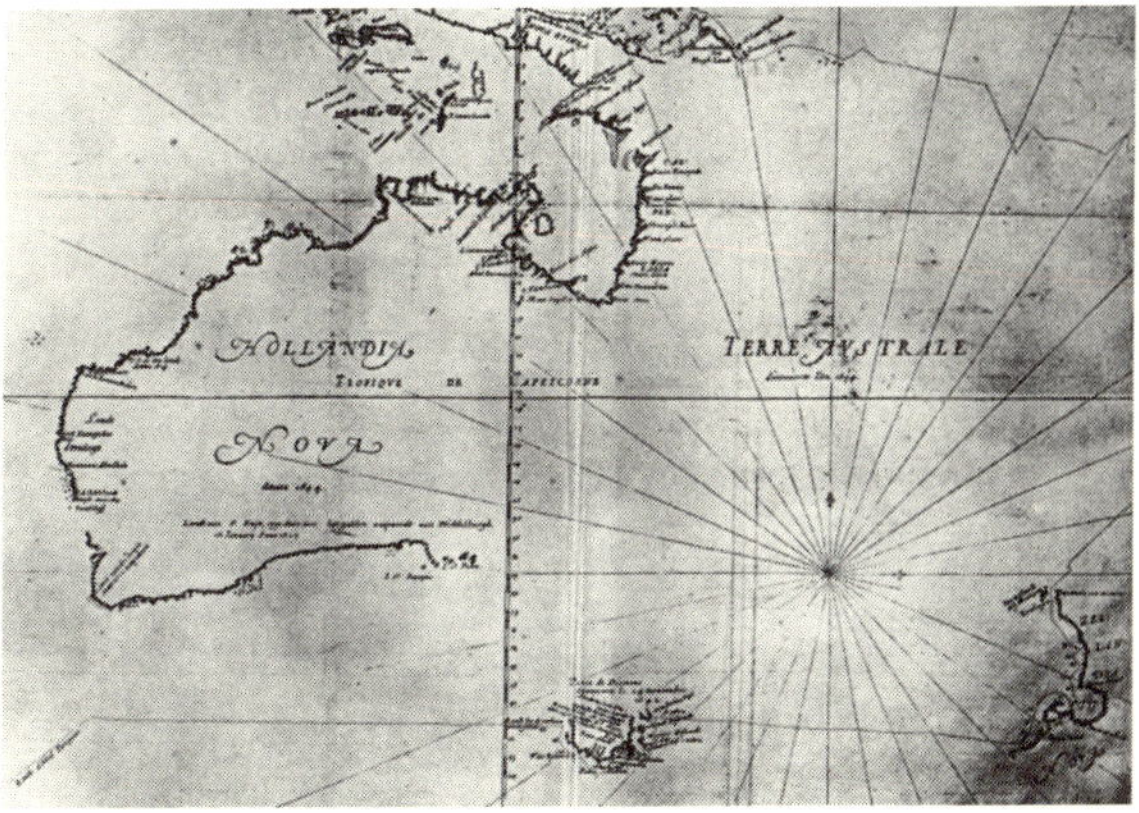

図２　テラ・アウストラリス・インコグニタ

あるが、この時代はまだ神秘の世界とされていたのだ。「テラ・アウストラリス・インコグニタ」という神話的な大陸が存在するという話も単なる仮説にすぎなかった。ギリシャ時代以来、地球上にはあるバランスが存在するという仮説があって、北半球にこれだけ陸地があるのだから、南半球にも大陸があって、陸地同士が北と南でバランスを取っているはずだ、という考えが人々の間には根強くあった。クックが派遣されたのは、その真偽を探求するためだった。彼はいくつもの氷山の間を抜け、南緯七〇度を超えるくらいまでは何とかして進んだが、氷山に囲まれ、さらに海面の結氷という困難に阻まれて、存在するとされていた大陸を発見できなかった。だが、恐らく大陸は存在するだろうと推測した。なぜなら、自分を取り囲む氷山は、大陸の上でつくられ滑り降りてきたものだと予想したからだ。

三回目の航海は一七七六〜一七八〇年まで。ただし、クックは一七七九年にハワイで先住民に殺されている。この頃、ヨーロッパと太平洋をつなぐスエズ運河はまだなかったので、アフリカの南端を回り、東へ進んでやっと太平洋にたどり着くという、非常に遠回りの航路をとっていた。しかし地図上で見ると、北極を通ればヨーロッパと太平洋はもっと短い距離でつながることがわかる。この北方航路への試みは、アメリカが発見された一五世紀頃から絶え間なく行われていたが、いずれも成功していなかった。そこで、三回目の航海では太平洋からベーリング海と北極圏を通ってヨーロッパまで行く航路を見つけ出すことが目的とされた。第三回航海の目的を地政学的というゆえんである。二〇世紀の一九六〇年代は、いったんアラスカまで飛んで、そこからヨーロッパへ行くというのが一般的で、飛行機の航続距離からいっても最短距離だった。その飛行機の航路を船で通っていく道を、クックは二〇〇年前に探すという大冒険をさせられたわけだ。かつて行ったことのない海を航海する者にとっては、先に航海した者から少しでも情報を得て少しでも困難を軽くしたいという思いがある。太平洋の北の方では、ロシア人が毛皮の商売のために北極の側からベーリング海を通ってカムチャッカ半島に至るまでの航路を開いていた。ちょうどクックが第三回目の航海に出ようとする前に、ロシアで出版されていた太平洋の北方航路に関する内容が英語にも翻訳され、そのテキストがクックにとって北方探索の情報源の一つになった。

ところで、クックが残した航海術の中で最も重要なのが、乗組員の壊血病の発生率を

○に近いくらいに抑えたことだった。それまでは航海中に壊血病で死ぬ者が後を絶たなかったのだが、クックは塩漬けキャベツを船にしこたま積み、乗組員に強制的に食べさせることで健康を維持させたのだ。
クックの航海は、一回目の目標は天文学的な研究と地理学的な神話的大陸の発見、二回目はその神話的な大陸を直接目指すこと、三回目は北方航路の探求と、毎回与えられた航海の目標が違っていた。ところが、こうした目的以外に、実はさまざまなことが航海の過程で起こってくるのだ。

最初の航海

第一回目の航海では、ジョゼフ・バンクスというジェントルマンが船に乗り込んできた。バンクスは大金持ちだったので、植物学者として名高いリンネの弟子である博物学者ソランダーら八人からなる調査チームを自分の金で組織して、クックが船長を務めるエンデヴァー号に乗り込んできた。海軍に許可をとり、クックは海軍から命令されて彼らを受け入れたわけだ。

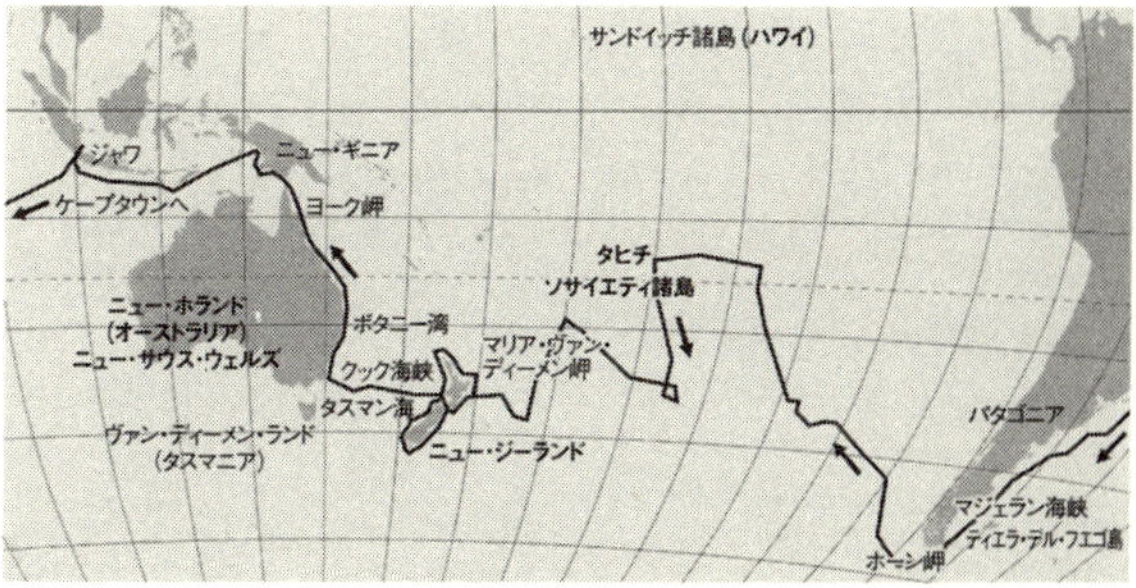

エンデヴァー号の航跡図

ジェントルマンというのは、普通名詞の「紳士」という意味ではなくて、その時代の一種の社会的な地位を占めている存在だった。彼らは極めて富裕で、地方に領地を持ちながらロンドンにも家を持ち、イギリス社会の中で非常に大きな権力を持っていた。このジェントルマンがイギリスの資本主義の発展を促すようになっていく。彼らは職業を持たず、好きなことに従事して暮らしていた。しかし、アマチュアリズムを特性とし、自分の専門とする分野の活動を生業としなかったにもかかわらず、彼らこそがイギリスの科学の大きな基盤を成していったのだ。特に博物学のような初期の科学は、ジェントルマンたちによって発展していった。

バンクスとクックは生まれも育ちもまったく異なっ

ていたが、航海を通して非常によいパートナーとなっていった。クックは貧しい家の出身で叩《たた》き上げの海軍士官だったが、一方のバンクスは金持ちで苦労知らず。それほどまでに違う二人がうまくいったのは、専門分野が異なるため、互いを補い合ったからだろう。クックの得意分野は天文学や地理学で、船乗りになった時から独学で数学や天文学をマスターし、地図を描く能力にかけては当代随一だった。そんな地理学や天文学の知識を豊富に持つクックの船に、博物学が好きでしかたがないという男が乗り込んできたわけだから、これは学問の発展に寄与するという点でもとてもよかったわけだ。また、バンクスという男は、若くて人当たりも人づき合いもよい。未知の太平洋に新しく漕ぎ出したイギリス人たちは、言葉も通じない人々とコミュニケーションをしなければならない。クックはそれを非常に巧みにやったが、それ以上にバンクスは言葉も通じない人たちの間にうまく入っていくことができた。三年にわたる航海の間に、二人はそれぞれ見聞したことや観察したことを話し合う仲になっていったのだ。

第一回航海では、金星が太陽面を通過する天体観測をする場所の一つとしてタヒチ島が含まれていた。タヒチ島は、イギリス人の航海者、サミュエル・ウォリスによって、クックたちが船出する少し前に、その島の存在は現実に伝えられていた。天文学者たちは、それぞれできるだけ離れた地球上の何地点かを決めて、そこで太陽面を通過する金星を観察しようという計画を立てていた。それでクックが太平洋に赴くことになったわけだ。

タヒチ島を去るときに、首長の一人が通訳として乗り込んできた。その男がクックに、この島の周りにはたくさんの島がある、と描いてくれた絵（図3）がある。タヒチ島ではその頃文字を使っていなかったが、文字が書かれているところを見ると、恐らくイギリス人が後から描き直したのだろう。

クックは東から西に向かってきて太平洋を横切ってタヒチに到達したが、その途中でいくつかの島を発見していた。ただ全体の地理的な認識というのは持っていなかった。しかし、この地図を描いてもらって、タヒチ島民の操船技術を念頭に置くと、彼らは島々の間を絶えず往来しているはずだということが予想できる。海流と風と星と太陽を頼りに航海している、多島海の海洋民族なのだろうと、クックの想像力が働くわけだ。

タヒチ島を去るにあたって、島の周りのいくつかの島に訪問したが、これだけの広がり

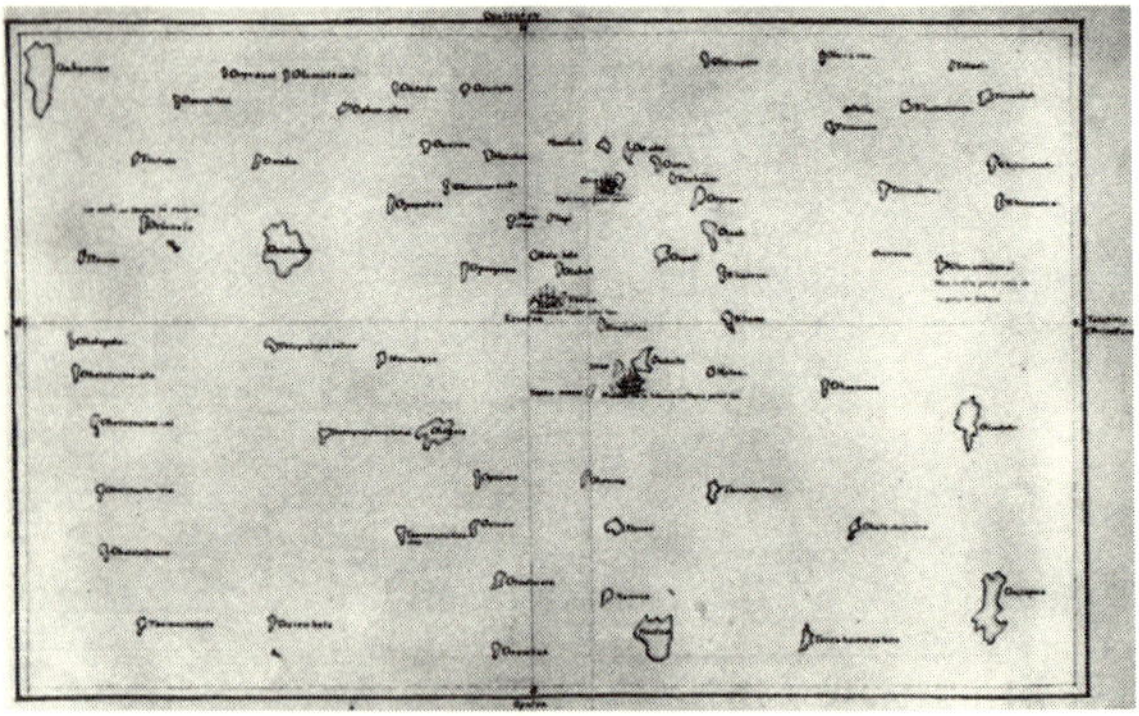

図３　現地人が描いたポリネシアの島々の地図を写したもの

を持った群島とは想像していなかった。それが、現在ポリネシアと呼ばれる島々の群れだった。

当然のことだが、海洋民族でない我々には、船が海の上を動いているという認識がある。ところが面白いことに、クックはいろいろと想像力をめぐらしながら現地人と話しているうち、ポリネシアの人々にとって、船が止まっていて、島の方が動いていくというような、海と島との関係が大陸や大陸周辺の群島に住む人間とは違った関係を感じているのではないか、ということに思い当たったのだ。

ポリネシアの領域は、やがて彼が二回目、三回目の航海を通じてまんべんなく通り抜けていくのだが、一回目はタヒチ島から南下してニュージーランドに行く。ニュージーランド（図4）は北島と南島とに分かれているが、クックは両方の島の周りを全部回って、今の地図とあまり変わりがないくらい精密な地形の輪郭を描いた。ここから彼は帰るときにオーストラリアの東側にあるグレートバリアリーフという、珊瑚礁《さんごしょう》の難所に乗り込んでしまう。今でこそ観光名所だが、その頃航海者にとっては珊瑚が邪魔をして船をなかなか接岸できない大変な所だった。クックはそこをかろうじて抜けてイギリスに戻っていったのだ。

図4　1770年にクックが作成したニュージーランドの地図

総括すると、第一回目の航海の過程で一番大きかったのは博物学的収穫だろう。なぜなら、ヨーロッパ人が初めて太平洋の島々で採集した植物や動物のドローイングを持って帰っていくことになったのだから。この時代の旅行者たちは航海記を書いて出版することが多く、クックの日記はもちろん、バンクスの日記も残っており、そこから航海の様子がありありと伝わってくる。

二回目の航海

二回目の航海では、かなり重要な人間が同行した。ヨハン・ラインホート・フォルスターという科学者と、その息子であるゲオルグ・フォルスターというもっと広い知識の渇望に燃えた若者が乗ってきたのだ。ゲオルグはこの航海では父親のアシスタントを務めることになる。後に父子ともに航海記を書くが、両方を読み比べると非常に類似点が多い。ただし、学者として時代を先取りした感があるのはゲオルグ・フォルスターで、ゲオルグはやがていろいろな書物を執筆し、人文科学の歴史の上に名前を刻むことになる。

さらに、特筆すべき点は、ウィリアム・ホッジズという若い絵描きが乗り込んできたことだ。それまでの屋内で絵を描く古典主義とは違い、外で絵を描くことが彼の前の世代の画家たちから始まって、ホッジズも若い頃から屋外で絵を描いていた。彼は若くて非常に気持ちのよい男だったから、皆とすぐに仲よくなった。そして、そのときいっし

図5　ホッジズによるケープタウンの絵

ょに乗っていた天文学者や気象学者から気象学的現象について教えを請いながら絵の制作を進めていった。それゆえ、彼の絵は当時の絵にはほとんど見られなかったような表現をしている。例えば、図5のケープタウンの絵――今ではこのような絵は当たり前だし陳腐だと思うかもしれないが――のように、この時代には天空のさまざまな光を描くということは新しいことだった。そうした表現は彼がタヒチ島に行ってからいっそうはっきりと現れてくる。タヒチ島に着いて、そこの光と色とに圧倒されて、天空の動きを絵に写し取るようになったのだ。それはちょうど天空の博物学といえるほど、見事に描写されていた。美術史上にはやがて登場するコン

図６　ホッジズが描いたニュージーランドのマオリ族の男

スターブルやターナーといった画家の名前は残ったが、なぜかホッジズの名前は美術史の上に特筆されなかった。しかし、彼は時代に先駆けてある傾向を示すようになる。それは、洋上にいて、天空の光と色を眺め、さらに竜巻などの気象現象に遭遇し、古典主義からロマン主義へと移り変わる時代の絵画、すなわちロマン主義の始まりを印象づけるような絵を描き残したのだ。そのことに気がついていたのがフォルスター親子で、二人の日記にも記されている。

ホッジズの行ったもう一つの重要なことは、航海の途中で出会った人間の肖像を描いたということだ（図6）。大航海時代から残る資料を調べていくと、絵を描くときに自分の文化の中にいる間はいろいろな描き方ができたが、そこから出てしまうと物理的に絵を描けなくなる、という記述があり、実際に描けていなかったことがわかる。それがホッジズにまで至り、ようやく非西洋的な他者の存在を描けるようになってきたのだ。他者を他者として描くだけのゆとりができ、知覚を持つようになり、そしてそれによって非常にたくさんの肖像画が残された。他者の肖像画を描けるようになったことは、文化も言葉も違い、彼らの知っている世界には生きていない人間を、少なくとも外面からは他者として知覚することができるようになったことの現れだろう。これがクックの航海の特異性で、二回目からこうした肖像画をはじめ、民族学的な資料が多く残されるようになる。

最後の航海

一七七六年に出帆した三回目の航海の途上で、クックはハワイ人に殺されてしまう。どうしてそうなってしまったかということについては、真偽のほどはわかっていない。文化人類学者のマーシャル・サーリンズは、クックが現地の神に擬せられ、以下に述べるある事件に巻き込まれたがゆえ殺された、と唱えた。だが、この説についても肯定派と否定派に分かれている。ここでは、両者を総合するかたちでクックの死について考えてみたい。

ハワイ島には神は海の向こうからやってくるという神話が代々伝えられていた。これを「ロノ神」の信仰というが、ロノ神は豊穣の神とされ、「マカヒキ」と呼ばれる収穫の季節に、ロノ神はまず土地の人びとに供物を要求するが、収穫の季節が終わると、ロノ神は自らの命を人びとに捧げることになっていた。

一七七八年末にハワイ島にやって来たクックは、ロノ神として迎えられ崇《あが》められるが、本人は最後まで自分の周りで何が起こっているのか理解していなかっただろう。三回目の航海ではジョン・ウェバーという画家が船に乗ってきて、ウェバーは記録画家のように、さまざまな場面を記録していく。その中には、クックがロノ神として崇められた儀礼の場を描いた絵画もある（図7）。

当初、ロノ神として歓待されたクック一行だが、ハワイの島民との間に摩擦が起こってくる。ロノ神は儀礼が終わると立ち去らなければならない。クックたちはいったんは立ち去るが、北方航路を目指そうとしたところに嵐に遭って船の帆柱が折れてしまった。その修繕をするため、仕方なく最初に着いた所に戻った。すると、島民の雰囲気が最初

図７　クックに捧げものをするハワイ島民

図８「キャプテン・クックの死」ジョン・ウェバー画。クックの最期は歴史画として多くの画家により描かれている

に降り立ったときとはすっかり違っていた。なぜなら、ロノ神である以上、一度去ったら戻ってきてはいけなかったからだ。そうして停泊しているうちに、ハワイ人によって小さなボートが盗まれるという事件が起こった。沈着にして冷静なクックが、このときはそれを取り戻すよう強硬に言い張って、島の最も高い位にある首長を人質にとり、引き換えにボートの返却を求めた。ところが首長を連れて船に戻ろうとしているときに、首長が行かないと言い出し、そこから、あっという間に争乱に陥ってしまう。

争いの中で、クックは島民に向かって小銃を撃ったとも撃たなかったともいわれる。ウェバーは、銃を構えているイギリス人たちに対して自制を促すポーズをとるクックを描いた（図8）。果たしてそれが事実だったかどうかはともかくとして、ウェバーのイメージとしてクックはあくまで平和的な人間だったわけだ。ところが、ハワイ島民にとってはロノ神である以上は今は帰ってきてもらっては困る。そこへクックたちは帰ってきてしまったことからそもそも雰囲気が悪かったわけだが、その雰囲気の悪さに輪をかけたのがボートの盗難と人質をとるという事件だったわけだ。人質を連れて帰ることができれば無事だったかもしれないが、人質がクックたちに連れていかれたくないと言い出したところから、急に全体の状況が変わり始める。

どうしてクックは死ななければならなかったのか。人類学者のマーシャル・サーリンズは、ハワイの神話とそれを無視したクックたちの間に宇宙論的対立が起こり、それが暴力沙汰にまで発展したと言う。しかし、これには異論もある。また平生は沈着冷静なクックが、どうしてキレたのかという疑問もある。これについては、長い長い航海の果てに疲れ果てたという意見もある。

要するに判《わか》らないと言ったほうがよかろう。

クックの死は、イギリス人にとって英雄が死ぬようなものだったから大変なショックを与えたし、絵描きたちによって歴史画として――歴史画というのは見たことがない場面を想像して描かれるものだが――たくさん描かれるようになった。一八世紀のジョン・クリーブリーというイギリス人画家も、どういう争いだったかということを描いており、その中でクックはマスケット銃を撃とうとするイギリス人たちを抑えようとしている（図9）。これが影響力をずっと持ち続けて版画などになり、クックの最期を描いた絵として最近まで認知されてきていた。

図10　2004年に発見された「クックの死」ジョン・クリーブリー画

図9　「クックの死」ジョン・クリーブリー画

ところが不思議なことに、クリーブリーは必ずしもクックが平和主義者と思ってはいなかったようだ。というのも、二〇〇四年にイギリスのプライベートコレクションの中から別の絵が発見され、クリーブリーが少なくとも争乱の場面を二枚描いていることがわかった。こちらの絵ではクックもハワイ人に向かって銃を撃っている（図10）。ここで戦闘が行われたとクリーブリーは解釈していたのだ。

サーリンズの言う、ロノ神の信仰にクックが巻き込まれてしまったということ以外に、理由として考えられるのは、長年の航海の後だったため、クックも体を悪くしていたり、疲れ果てていて正確な判断力を失ったのではないか、ということだ。これは実証できる部分もある。サーリンズの説と判断力が低下した状態が入り混じり、争乱が起こったのではないだろうか。少なくとも現地の宗教的な文脈の中に、クックが入り込んでしまったことは事実に違いない。

知の歴史の中でクックの冒険が持つ意味

繰り返すが、クックの航海を単なる冒険物語とは考えないでもらいたい。クックの航海は、経験主義というものが優位に立って、実験科学の時代へと移っていく、時代のちょうど分かれ目に位置する。彼の航海は、知の歴史の変化を体現したと言っても過言ではないのだ。

当時、すでに自然学についてビュフォンが言い、博物学についてはリンネが言い、さらに哲学者のカントが『自然地理学』という本を書いて、大学でも地理学の授業を行っている。そういう知の変化が次々に起こっている中でクックの船は太平洋へ出かけ探険をし、やがて文化人類学へとつながる初期の資料がそこで集まり始めた。

例えば、クックたちはトンガで見事な集団のダンスを見せてもらった（図11）。こうした祝祭的なダンス、あるいは死者の埋葬の仕方など、さまざまな民族学的な資料が集まり出し、学問に強い関心を抱く人が同じ船にたくさん乗り込んでいたものだから、現

図11　クックたちの前でダンスをして歓迎するトンガ島民。ジョン・ウェバー画

地の文化をよりよく知るために言葉の研究も始まった。クックの航海の同行者の中でも、聞きとれる範囲内でいくつもの単語を拾い、語彙《ごい》を集め、構文を考えようとした形跡が残っている。

そのように、クックたちは太平洋の地理学的・博物学的探究以外に民族学的探究、人類学的な探究の発端にも位置していた。知の歴史、地球全体の政治的なシステムが変わっていく過程に位置した存在としてクックの航海を取り出して眺めると、その後の植民地時代、および後の時代に発展する学問への手がかりが見えてくる。その点で、私はクックに関心を抱いている。

最後に、ある事物を包み込んでいる大きな枠の中で、それがどんな位置を占めているかを把握していけば、そこから新しい考え方が出てくることを皆さんへのメッセージとしたい。

◎若い人たちへの読書案内

多木浩二『最後の航海──キャプテン・クック ハワイに死す』新書館（二〇〇三）

クックについてさらに深く知りたい方は、拙著『最後の航海──キャプテン・クック ハワイに死す』を読んでみてください。クックは太平洋の地理学的探求、博物学的探究以外にも民族学的探究、人類学的探究にも長けていました。知の歴史、そして地球全体の政治的なシステムの歴史が変わっていくところに位置するものとしてクックを眺めていくと、その時代に発展するであろう学問への手がかりが見えてくるのです。クックから学ぶことに限らず、どんなものでも、ものごとを包み込んでいる大きな枠の中で、それがどんな位置を占めているか。それを把握していけば、新しい考え方が出てくるようになると思います。

地図の魅力とその見方

宮沢章夫

みやざわ・あきお

一九五六年静岡県生まれ。多摩美術大学在学中、映像演出研究会で八ミリ映画の制作をする。八〇年代から舞台創作をはじめ一九九〇年「遊園地再生事業団」を結成。一九九二年に発表した「ヒネミ」で岸田國士《くにお》戯曲賞。小説『サーチエンジン・システムクラッシュ』で芥川賞、三島由紀夫賞の候補となる。『一冊の本』に、一〇年以上にわたって連載し続けた横光利一「機械」論をまとめた『時間のかかる読書―横光利一『機械』を巡る素晴らしきぐずぐず』で二〇一〇年に第二一回伊藤整文学賞。早稲田大学の文学学術院文化構想学部教授を務める（二〇一三年まで）。

線を引くことで地図は出現する

今日は地図の話をします。僕は地図を見るのが、ことのほか好きで、地図を見ているとまったく飽きない。どうしてこんなにおもしろいんだろう、といつも思う。

戯曲を書くにしても、小説を書くにしても、地図を見ることによって何かを発見することが多いんですね。たとえば、なぜここはこんな地形になっているのか地図上で疑問をもち、実際にそこへ出かけて行く。すると、地図を見て直観的に感じた何かが、その土地にある。それが戯曲や小説の大切なヒントになる。

あるとき、北関東の地図を見ていたんですよ。すると、埼玉・茨城・栃木・群馬の四県が隣接する一点があることに気がついた。いったいこの県境はどうなっているのか。それで出かけて行き、実際にその場所を歩いてみると、観念的にものを考えているだけではわからなかったことが見えてくる。そうしたさまざまな発見にシェイクスピアの『ハムレット』のモチーフを下敷きにすると、県境の町を舞台にしたお話が一つ、できあがった。それが僕の『不在』という小説です。

地図とはいったい何だろう？　もちろん、それを見て目的地にたどり着くためのツールにはちがいない。僕のクルマにはカーナビがついていないから、今日も地図をよく見ながら、この学校までやって来ました。

そのように地図は便利なもので、機能的に使われる。でも、それだけではない。地図は地図そのものとしておもしろい。この授業が終わって帰宅したら、家にある地図を引っ張り出して眺めてほしい。きっとおもしろい発見があるはずです。

インターネットのＧｏｏｇｌｅマップ。見たことがある人も多いでしょう。あれは航空写真と地図が切り替わるようになっています。航空写真では、どこに何があるか、わかりにくい。それが地図になると道路や建物がすぐにわかる。

どうしてか。本来、自然物にも人工物にも「線」なんてないんですよ。けれども地図では、自然物や人工物の輪郭を「線」で表している。線を引くことによって、道路が続き、建物が並んでいる様子が、わかりやすくなる。

つまり地図は、その土地の自然物や人工物を、線を引くことによって図形化し、出現させる技法のことです。これが一番基本的な地図の約束事。

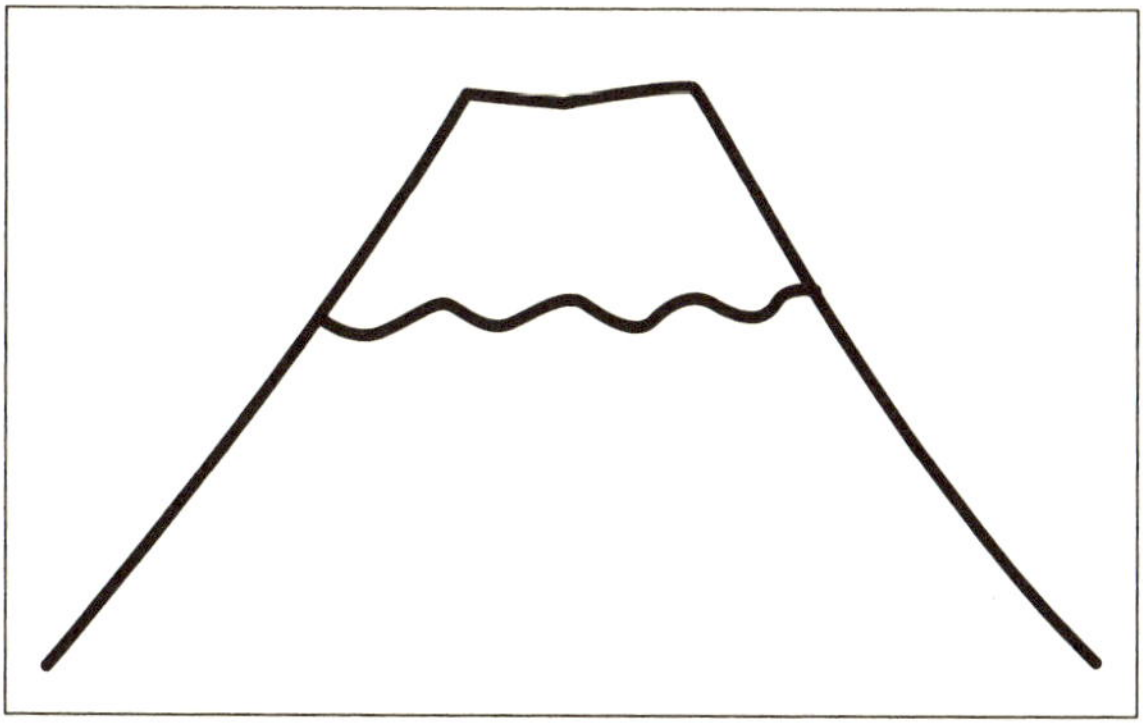

富士山は記号化されている

地図にはさまざまな記号が使われている。自分で地図を描くときにも記号を利用しますね。友だちを初めて家に呼ぶとき、駅から自宅までの地図を描いて渡すとします。そのとき、郵便局が目印だったら「〒」の記号を使う。

自然物や人工物の輪郭線を描くというのも、要するに記号化の技術です。

試しに富士山を描いてほしい。どんな形の山でもいい、その頂上近く、八合目あたりのところに波線を一本、横に引けば、それだけでもう富士山。おそらく日本に住んで一定の教育を受けた人なら誰でも描けるし、誰が見ても富士山とわかる。これは考えてみればすごいことで、あの簡単な絵は、誰かが発見した「富士山という記号」なんです。

では南アルプスの甲斐《かい》駒ヶ岳を描けるだろうか。描こうと思うと、百人百様の山らしきものが描かれるにちがいなくて、なぜかって言うと、「南アルプスという記号」はまだ発見されていないからです。

ある果物店の看板に、リンゴの絵があった。その横にバナナの絵。さらに隣を見ると、驚いたことに、四角い箱に「プラム」と書いてあったんですよ。リンゴやバナナは誰でも描けて、見ればだいたいそれとわかる。ところがプラムが描けない。つまり、リンゴとバナナの記号は発見されているが、いまだに誰でも描けるような「プラムという記号」は発見されていないんですね。

こんなふうに、かつて誰かが発見した記号が地図には多く使われる。

古い地図から町の歴史が浮かび上がる

地図にはさまざまな種類があって、それぞれに異なるおもしろさを発見できます。

まずは古い地図について話してみましょう。

昭和初年(一九二〇年代後半)の東京の区分地図を見ると、東京二三区は今よりもっと細かく分かれていたことがわかる。「淀橋区」などという区もあった。「淀橋区」と「牛込区」と「四谷区」あたりが一つになって今の新宿区になっている。まったく消えてしまったわけではなく、それぞれの地名は今も残っている。

古い地図を眺めているだけで、そんなことに気づく。

やはり昭和初年の東京周辺の鉄道地図では、すでに小田急線も東急東横線も走っているのがわかります。大正一二（一九二三）年の関東大震災で、東京の東側にある下町は壊滅的な打撃を受けた。そこで人々は東京の西側に移り住んだ。そのため、小田急線や東急東横線のような、東京の西側を走る鉄道が発達した。

この経緯はとても興味深いんですが、話すととても長くなるので、関心があったら調べてほしい。今はとにかく、一枚の古地図から都市の歴史が浮かび上がってくる、ということに気づいてほしい。時代が少し変化すると地図も変わる。そこにどんな歴史があったか。

昭和二（一九二七）年の「東京湾埋立計画平面図」。こうした過去の都市計画図は、現在の地図と比較してみると、すごくおもしろいですね。ペリーの黒船が来たとき江戸

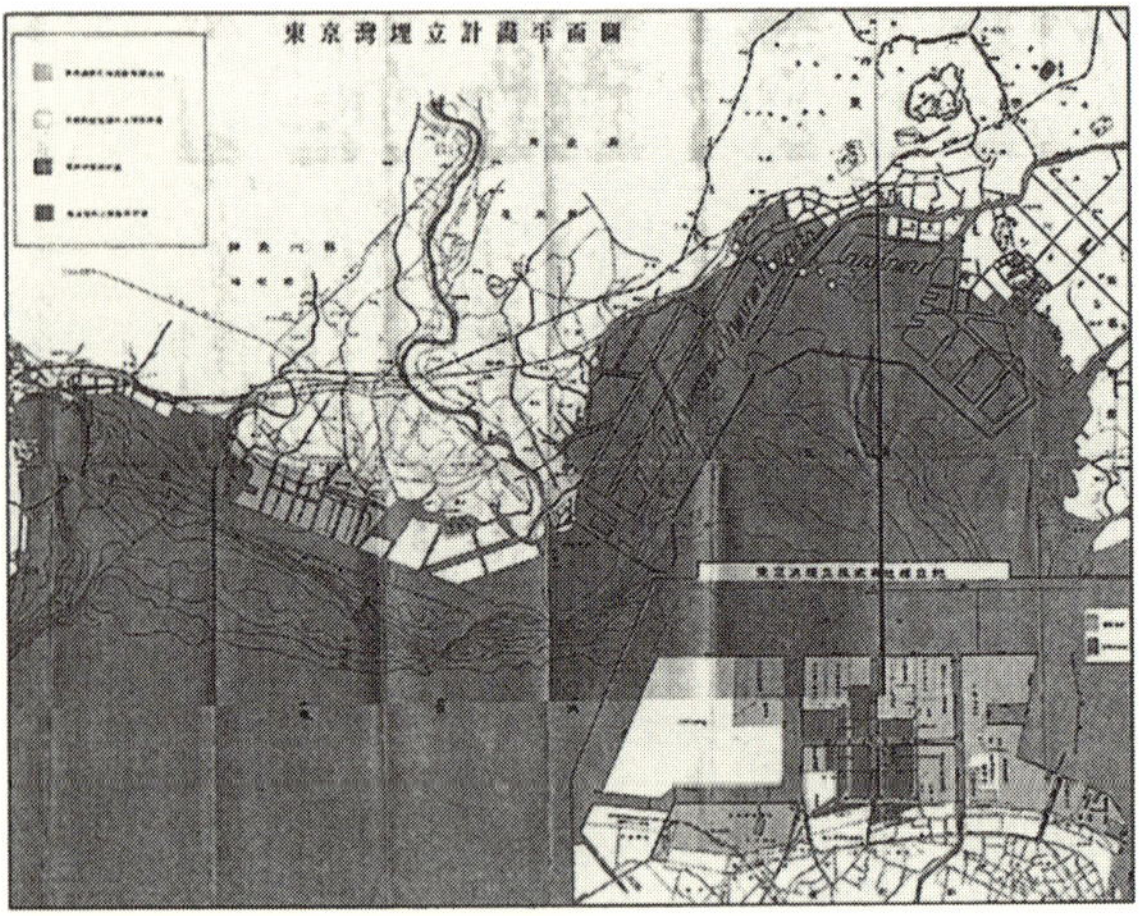

お台場

幕府が砲台を建てたのが「お台場」。この地図によれば、このあたりを埋め立てる計画がすでに昭和初期にあった。羽田空港も埋め立てられて出来たことがわかる。

　君たちはまったく知らないと思いますが、今の東京ビッグサイトなどがある埋め立て地は、二〇年くらい前までは、あたり一面、みごとに何もない原っぱだった。そこへ行くと孤独な気分になれて、その荒涼とした風景が好きだという人は多かったんですよ。僕も好きでした。今は賑《にぎ》やかな場所になってしまい、当時の面影はまるでない。

こんなふうに個人的な思い出がよみがえってくるのも、古い地図と今の地図を見比べる楽しみの一つ。君たちも何十年後かにはきっと、地図を見ながら、そんなせつなさや懐かしさを味わえるはずです。

地図が嘘をつくのはどんなときか

地図には正しい情報が記載されている。そう信じている人が多いでしょう。まあ、嘘《うそ》だったら困るんですけどね、ところが地図も嘘をつくことがしばしばある。時代の違う同じ場所の地図を見比べてみると、やっぱりそのことに気づきます。

例えば北海道の室蘭《むろらん》付近の地図。大正時代までは、練兵場や射撃場といった軍の施設が記載されていた。昭和初年になると、それらが地図上から姿を消し、代わりに公園や神社が表れている。実際に練兵場や射撃場が公園や神社になったわけではない。ところが地図上では練兵場や射撃場は消え失せ、その場所がそっくりそのまま、実在しない公園や神社ということになっている。

なぜこんな嘘をつくのか。この地図が外国に渡ったら、軍事施設がここにあるとわか

室蘭

ってしまい、攻撃の対象になるからです。戦争が間近に迫っていることを地図そのものが語っている、と言っていい。

開戦前夜の昭和一五（一九四〇）年あたりになると、武器や弾薬を製造する軍需工場も地図上では隠された。

僕の父は一五、六歳の頃、「徴用」といって神奈川県川崎市の工場に招集され働かされた。父が勤めたのは小さな工場でしたが、その隣が四キロ四方の大きな三菱の軍需工場だった。おそらくその工場も地図上では隠されていたでしょう。しかしアメリカ軍はそこに軍需工場があることを知っていたらしく、常に空襲の対象になっていた。そのとばっちりを受けて、父が勤めていた工場もたびたび攻撃されたと、よく父が話していました。

ある夜、戦時中の食糧難であまりにもお腹が空いたので、夜中に友人たちと父は、工場の敷地内にある食料倉庫に忍び込んで食べ物を盗んだ。盗んだ食料の箱かなにかを運んでいるまさにそのとき、米軍機による空襲が来て、父たちはあわてて食糧を隠し持ち、逃げ帰った。

いつもよりひどい空襲だったんですね、倉庫は全焼したんですが、翌日父たちは何食わぬ顔で「われわれは決死の覚悟で食糧を確保しました」と報告して、「よくやった！」と表彰されたらしい。ま、単なる泥棒ですけどね。

超高層ビルが建ち並ぶ新宿副都心には、昭和四〇（一九六五）年まで「淀橋《よどばし》浄水場」があった。伝染病のコレラが大流行したことをきっかけに、明治三一（一八九八）年に完成した、水を濾過《ろか》・殺菌して都民に水道水を供給する巨大な浄水場です。

昭和初期の地図には、この浄水場の巨大な池がちゃんと記載されている。ところが、戦争の足音が迫り来る昭和一二（一九三七）年の地図だと、そこは丸ごと公園ということになっている。軍事施設に限らず、ライフラインの浄水場も極めて重要な施設です。敵からの攻撃を避けるために地図では隠した。

このように、国の機関によって、特定の目的のために地図はわざと描き換えられることもある。こうして地図だって嘘をつくんですよ。

グラフィカルな欲望の対象としての地図

眺めているだけで楽しくなる、美しい地図も多い。もともと人間は何かをグラフィカルに表現したいという欲望を持っていると僕は考えています。地図もまた、グラフィカルな欲望の対象です。

というのも、実用的に使われるはずの地図なのに、ある意味、グラフィックデザインとして、絵画としての価値を感じるものも数多くあるからです。

戦争が終わってアメリカの占領軍が日本に来たとき、米軍兵士たちに日本を紹介する

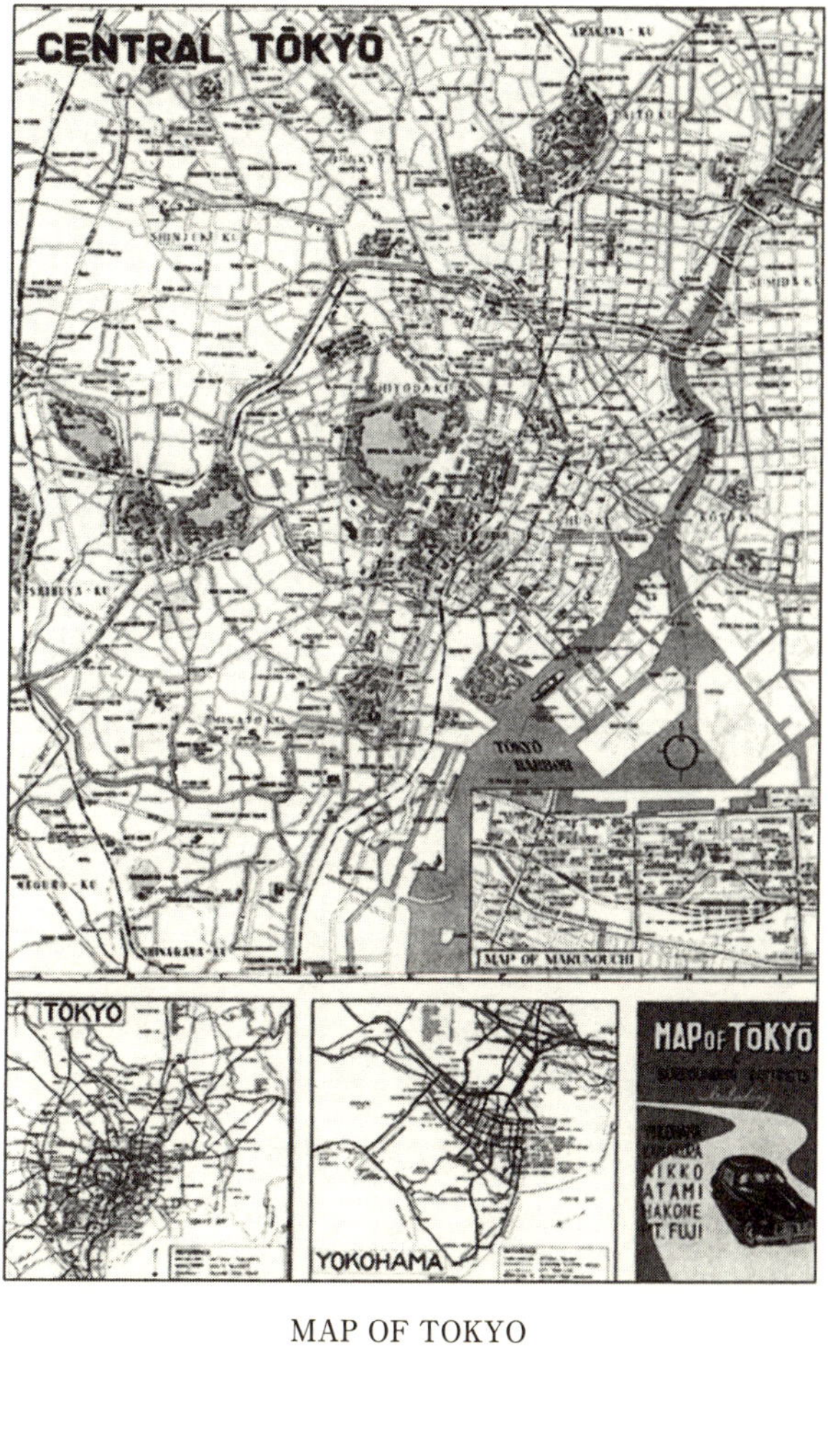
CENTRAL TŌKYŌ
TOKYO
YOKOHAMA
MAP OF TŌKYŌ
NIKKO
ATAMI
HAKONE

MAP OF TOKYO

吉田初三郎は鳥の視線で風景をパノラマ写真のように表現した

ためにつくられた「MAP OF TOKYO」という地図がある。表紙にはYOKOHAMA KAMAKURA NIKKO ATAMI HAKONE MT FUJIの文字。「マップ・オブ・トーキョー」なのに日光や箱根などの観光地も紹介されている。中を開けると、とてもきれいなデザインの地図が表われる。東京の地図で気づくのは、地色が黄色——つまり地面がすべて黄色になっていること。こういう色使いは日本の地図ではめったに見られない。目を凝らすと公園の木々が立体的に描いてある。一つのグラフィック作品として非常に興味深い。

　レストランのガイドブックで有名なミシュ

ランというタイヤ会社が出しているパリの地図がある。パリは観光都市だから、こういう街のガイドマップがとても充実している。僕はパリに行ったときにこの地図を買ったが、家で眺めていても楽しい。セーヌ川、シテ島、ルーブル美術館、凱旋門《がいせんもん》……観光名所はみんな平面図なのに、なぜかエッフェル塔だけ立体的に描かれ、高々とそびえたっている。強調するんですね。地図には誇張もある。こういうところもおもしろい。

大正時代から昭和の終戦後まで活躍した吉田初三郎《はつさぶろう》という絵師がいます。鳥の目から見た視点で風景をパノラマ写真のように立体的に描く「鳥瞰図《ちょうかんず》」という手法で数多くの観光案内図を遺《のこ》しました。例えば「京王電車沿線名所図絵」を見ると、八王子の街全体よりも多摩御陵のほうが遥《はる》かに大きい。見せたいところを縮尺など無視して、とにかく大きく描く。これが吉田初三郎の鳥瞰図の特徴ですね。で、笑えるのは、どこの地図を描いても遠くのほうに富士山とハワイがある。必ず水平線があり、その向うにハワイがある。このスケール感はすごい。

こんなふうに、デザインに独特の工夫を凝らした地図は、世界中を探すと、さまざまな姿で数多くあります。君たちもぜひ、そんな地図を見つけて、一つのグラフィック作品や美術作品として地図を楽しんで見てほしい。

中目黒は「椎名林檎の歌に出てくる」場所

早稲田大学の講義ではよく学生たちに、自宅から大学（東京都新宿区、最寄りの駅はJR山手線・西武新宿線高田馬場、地下鉄東西線早稲田、地下鉄副都心線西早稲田）までの地図を描いてもらうんです。もちろん個人情報だから誰のものか、名前は記入させないんですけどね。それを見ると、なぜ人はこんな地図を描くのか、興味は尽きない。

多いのは、自分にとって重要な場所を強調するパターンです。ある学生が描いた地図では、早稲田キャンパスが縮尺からしてJR中央線の駅間くらいの大きさになっている。人は地図を描くとき、無意識のうちに自分にとって重要なものを大きく描いてしまうらしい。「意図せざる吉田初三郎」的な地図と言ってもいいでしょうね。

千葉から通っている学生が描いた地図では、パッと見て一番目立つのが、この、なんだかわからない、ネズミ状のシルエット。ま、なんのことかすぐわかりますよね。「ディズニーランドという記号」。しかも江戸川を挟んで東京都ではなく千葉県のほうにデイズニーランドがある、ということが矢印で強調してある。つまり彼にとっては、千葉から大学に通っていることなどはどうでもよくて、「東京ディズニーランドは東京と名前がついているが実は千葉にある」ことこそ訴えたい。それが地図によく出ている。

自宅から大学までの道筋には全く関係ないのに、どの駅に東急ハンズがあるかを律義に書き込む。新宿の伊勢丹よりもＴＳＵＴＡＹＡのほうを遥かに大きく描く。彼らにとってはきっと、東京ハンズやＴＳＵＴＡＹＡが何より重要なんですよ。

東急東横線の中目黒から通っている学生の地図では、山手線がぐるりと描かれているが、乗り換え駅の渋谷、高田馬場を経て池袋まで駅が八つしかない。残りの大塚から恵比寿までの二一駅はすべて省略されている。山手線をきちんと環状線として描いているのに、駅は三分の一強しか描かない。これはどういうことか。単に面倒臭くなったのかもしれないし、山手線東側に並ぶ駅は必要なく、乗り換えに使う大学周辺の駅だけが自分にとって重要だし、そもそも、ほかの駅はこの人にとっては存在しないのかもしれない。

要所要所に絵とコメントがついたイラストマップふうの地図は微笑《ほほえ》ましい。ある学生

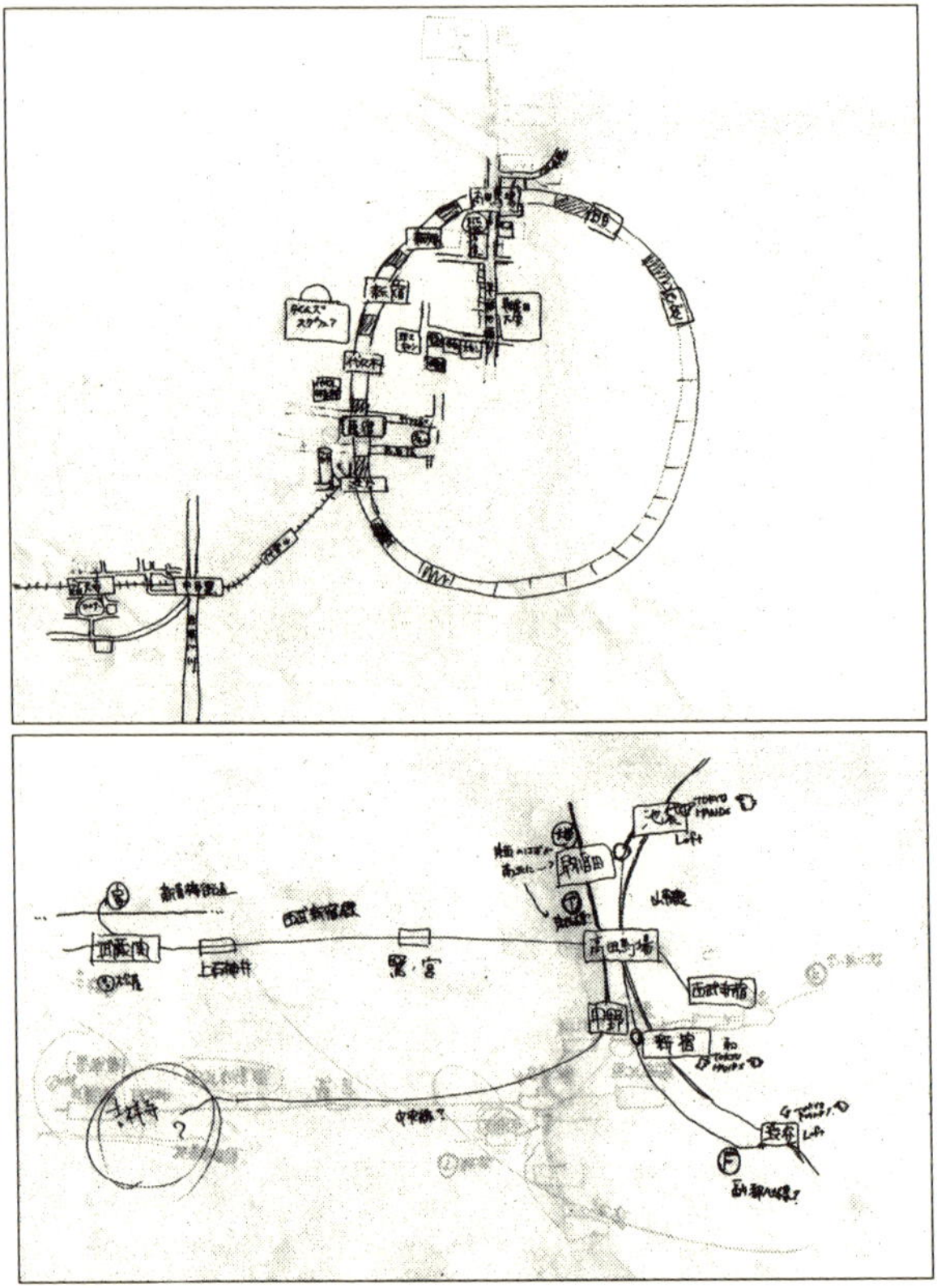

学生の地図

の地図では、中目黒が「椎名林檎《りんご》の歌に出てくる」など、別に聞いてもいないのに、いちいち説明してくれる。新宿駅の周辺は「ナゾ」と書かれていた。彼女にとって新宿はいっさいわからない謎のエリアなんでしょう。

この課題は、いつもＡ４サイズの紙を使います。それで僕が好きなのは、レイアウトのバランスが悪い地図なんですね。下から描き始めたら中央あたりで終わってしまい上半分は真っ白とか、全体が真ん中にちまちまっと描いてあって周囲が余白だらけとか、あるいは、隅っこに小さくまとまってる地図もある。これはこれで、なかなかに味わい深い。

このように、人が地図を描くと、ふだん考えていることや、習慣や癖のようなものが知らず知らずのうちに出てくることがある。いわば、意識していることもあれば、自分でも気づかない無意識が地図に表れるんじゃないか。地図のおもしろさは、こんなところにもあると思います。

長い旅の行程をつないだ「人生の地図」

一九五〇年代のアメリカで活躍した小説家、ジャック・ケルアックに『オン・ザ・ロード』という作品があります。日本でも『路上』というタイトルで一九五九年に翻訳され、当時の若者たちの多くがこの小説に影響を受け、長い旅に出たと言われています。主人公の青年は不良っぽい友人と巡り合ったことがきっかけで旅に出る。

「ディーンに初めて会ったのは妻と別れてまもない頃だった。ひどい病気から立ち直ったばかりのときだが、その話はあまりしたくないので、くたくたに疲れた別れのごたごたと、なにもかもおしまいだというぼくの気分が原因の病だった、とそのくらいにしておく。ディーン・モリアーティの登場で、僕の人生のもうひとつの章、路上（ロード）の人生とでも言えそうなものが始まったのだ」（青山南訳／河出書房新社）

これは、『オン・ザ・ロード』というタイトルでわりと、最近、新しい翻訳になった小説の冒頭です。この本を開くと、すぐ北アメリカ全土の地図があります。主人公の旅の行程を線で示した地図です。ニューヨークから西海岸へ、広大な大陸を横断し、とてつもない距離をバスで移動したことがわかる。この地図は、確かに主人公が具体的にどの土地を旅したか、ということを示していますが、同時にそれは、主人公の「路上（ロード）の人生」そのものを表してもいる。

『和算家の旅日記』（佐藤健一／時事通信社）という本の中に江戸時代の「道中案内図」という地図があります。和算家というのは数学者のこと。江戸時代に日本の数学はかなり高度に発達していたことが知られています。彼らはたびたび地方に行っては、商人に計算の仕方を教えていたという記録が残っている。道中案内図は、和算家が地方を歩いた行程を示したものなんですが、今日はここへ行った、と文章で日記に書く代わりに彼らは簡略化した地図に残した。これもまた『オン・ザ・ロード』の地図と同じように、和算家の「路上（ロード）の人生」を表したもの、と言えるかもしれない。

君たちはまだ若いから、それほど住まいを移していないだろうけど、僕は静岡県で生まれ、いくつかの場所を転々としてきた。京都に住んだこともあるし、東京でも何度か引っ越した。僕が移り住んできた場所を一つひとつ線でつないでいけば、そこに「僕という人生の地図」ができる。

地図には、そうした道程も描くことができるんですよ。

地図は抽象的な概念や思想も表現できる

地図は必ずしも具体的な土地の場所を示すだけではない。抽象的な概念や思想を整理して示す地図もある。

大学の「サブカルチャー論」の講義で毎年使っている「関心領域マッピング」というものがあります。座標のX軸を社会的位置、Y軸を時間的位置として、二百数十人の学生が関心を持つ人物や事柄を示して、それぞれマッピングしてくれる。「嵐」「Perfume」「ニコニコ動画」など君たちがよく知っているだろう固有名詞から、「マルクス」「寺山修司」「歌舞伎町」など君たちにはおそらく縁のない固有名詞まで、たくさんの人物や事柄が第一象限から第四象限までに位置づけられている。このようにマッピングしてみることで、時代の風潮や流行によってめまぐるしく変化する若者文化や都市文

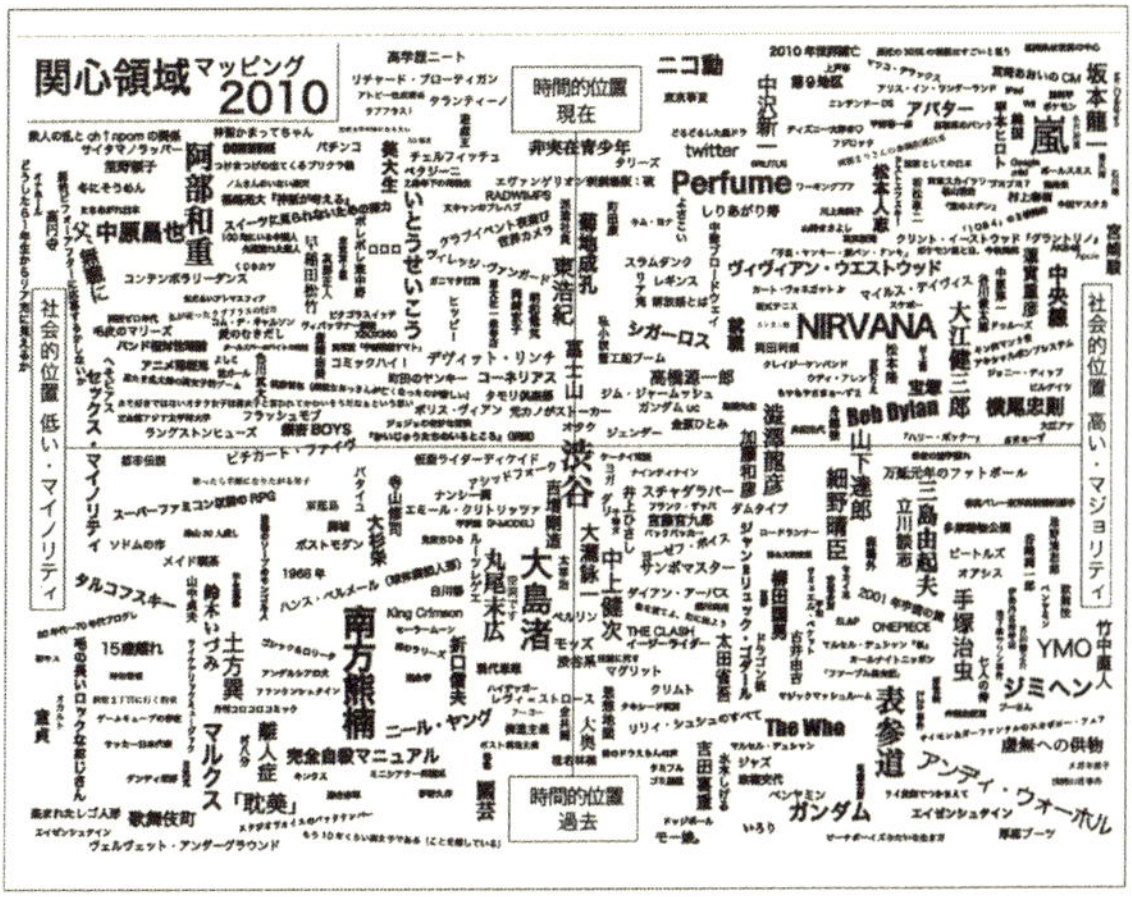

「関心領域マッピング」は大学の「サブカルチャー論」講義で使用

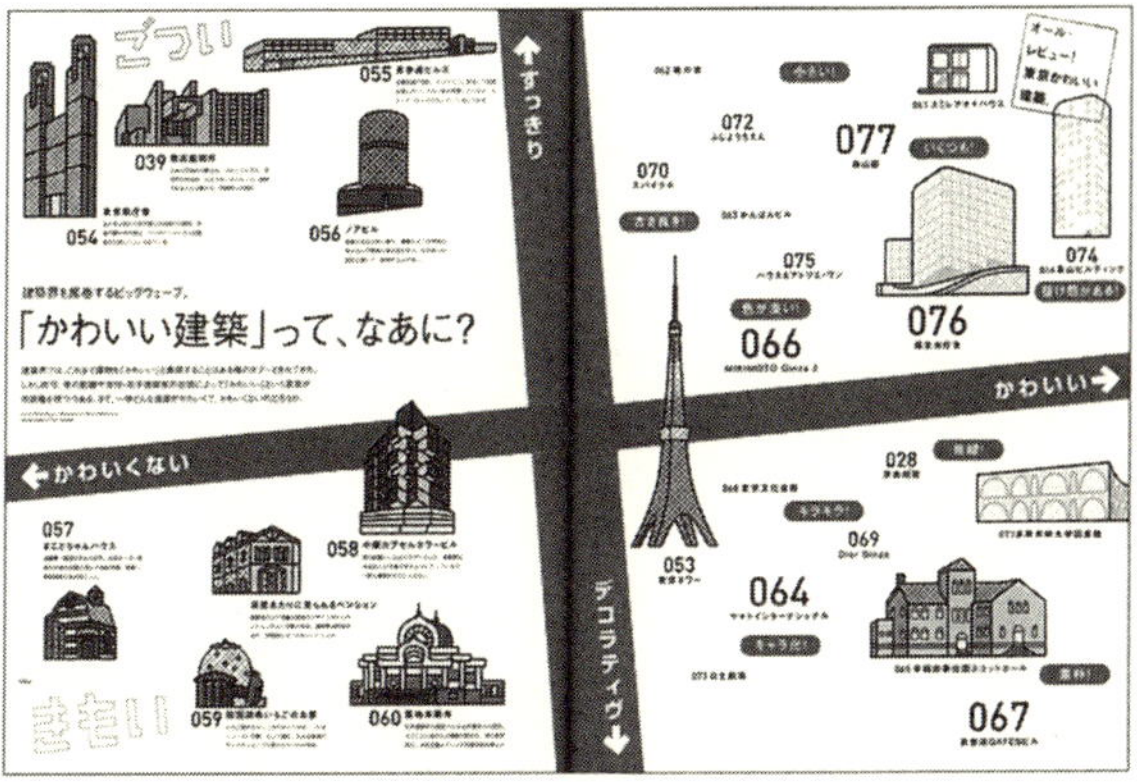

「『かわいい建築』って、なあに？」というテーマの概念図

化が今どのような状況になっているか、ざっと見渡すことができます。これも広い意味での地図といえるでしょう。このように座標軸で整理した概念図は、ビジネスの世界でもよく使われてるみたいですね。僕はそっちのほうはまったく疎いんですけどね。

もう少しキュートでわかりやすい概念図も紹介します。「『かわいい建築』って、なあに?」というテーマの概念図。X軸に「かわいい⇕かわいくない」Y軸に「すっきり⇕デコラティヴ」という概念をとると、四つの領域にいろんな建物がマッピングされる。「かわいくてすっきり」の一つは東京・青山にあるガラス張りのビル。「きもい」などと書かれ、残念ながら「デコラティヴでかわいくない」と認定されてしまったのが某漫画家の「まことちゃんハウス」。

一転して厳粛な世界に目を移しますが、仏教(密教)の世界観をグラフィカルに表現した「曼荼羅《まんだら》」も、広義の地図と考えられる。もちろん、宗教についての教えは文章で書かれ、それを読んで学ぶことが多いでしょう。しかし仏教では、文章だけではなく、宗教的なビジョンを曼荼羅というかたちにまとめて図像化した。

お寺さんに行くと境内案内図が掲示してありますが、あれも「社寺曼荼羅」という、ある種の曼荼羅なんですね。本殿や拝殿などの建物の配置そのものに宗教的な意味がある。それをグラフィカルに表現したものが社寺曼荼羅。

富士山は昔から霊山として信仰の対象でもあった。「富士《ふじ》山禅定図《さんぜんじょうのず》」という案内図が残されているが、これも一種の曼荼羅的な地図といえる。山に登ること自体が宗教的な体験であり、その案内図は非常に重要な地図だった。

曼荼羅

座標軸上のマッピングが何らかの思考や概念を図示したものなら、曼荼羅は仏教の世界観や宗教的思想を図示したもの。いずれにせよ、そこには人間の内面、意識の内側が表現されていると考えていいでしょう。学生たちの手書きの地図に見られた縮尺の歪みや極端な強調、大胆な省略が、ふだん考えていることの表れであったのと同じように。それは富士山や郵便局など、誰もがそれとわかるように示す記号とは、また別のものです。

「心の地図」としての箱庭

意識の内側を描く地図という意味では、精神疾患の治療で使う「箱庭療法」の箱庭も地図の一種と考えていいのかもしれない。

約六〇センチ×七〇センチの砂箱に、人形、動物、樹木、建物、橋、柵、乗物、石、怪獣など、さまざまなアイテムを自由に並べてもらう。アイテムの配置の仕方、全体の構成など、そこに出現した箱庭の世界は、患者さんの意識の内側を象徴している。医師はそれを見て判断し、治療に役立てるんですね。

箱庭療法について臨床心理学者と哲学者が対談した『トポスの知』(河合隼雄《はやお》・中村雄二郎《ゆうじろう》著/TBSブリタニカ)という非常にすばらしい本から、いくつかの事例を紹介してみましょう。これはほんとうに刺激的な本です。

対角線上に戦車と兵隊が対峙《たいじ》している箱庭。これは「いつも何かに攻撃されているようだ」という内面を示した「心の地図」ではないだろうか。

箱庭療法のアイテム

私たちは理性的に生きている。だからこそ社会生活を営める。けれども、誰もが心の中のどこかに必ず、ほの暗い場所、理性から逸脱した場所を持っている。ふだんはそれを吐き出さず、心の奥底に沈めて暮らしているが、箱庭という「心の地図」には、あからさまにそれが表われることがある。

掘割で囲まれた小山の中央の池から火が出ている箱庭からは、恐ろしいまでの孤独感がうかがい知れる。対角線に川が流れ、河原に動物がいて樹木がある箱庭は一見したところ平穏な世界だけど、川で二つの土地に分断されていることから、心の中に何か二つに分裂したものを抱えているのではないか、と読める。

小学校四年生の男の子がつくった、動物が柵の中に閉じこめられている箱庭について、臨床心理学者の河合隼雄先生はこう語っています。

「この子は知能が高いのに成績が非常に低すぎて、心配して私のところへ連れて来られた子なんです。これを見ると、だれでもわかることは、まさに閉じこめられた世界に生きていると言えますね。ゾウが鼻でちょっと柵を開けているところがありますね。こういうのを見ると、この子の力が柵を越えて出ていこうとしているというのはすぐわかるわけです。

そういうのをつくってもらって、また次の週に来てつくってもらう。そうするとこの子は、実は動物園からゾウが檻《おり》を壊して逃げて来るところをつくったわけですね。そういうふうにして、この子の力がどんどん出てくる。それをどう収拾していくかということが、箱庭のなかで行なわれて、この子の場合はよくなっていくわけです」(『トポスの知』)

箱庭という「心の地図」をつくることを通じて、心の傷が癒やされていく。その過程は感動的ですらある。

今の自分を壊してやり直すための地図

『トポスの知』で紹介されている事例で最も感銘を受けたのは、小学校六年生の女の子がつくった、父ネコと母ネコと子ネコが寝かされている箱庭でした。

この女の子には自閉的な傾向があって、人に心を開くことができない。何度も何度も、ネコが寝かされた箱庭をつくる。そこには何か内面の歪《ゆが》みのようなものが感じられる。

ところが箱庭療法を繰り返していくうち、あるとき一度つくった箱庭にバケツの水をぶちまけた。アイテムたちは水にぷかぷか浮かび、大洪水の箱庭ができあがった。彼女はすべてを一瞬にして、いわば大洪水によって世界を破壊したわけです。

その直後につくった箱庭では、それまでずっと寝かされていたネコが、すっと立ち上がっている。これにはほんとうに強い感銘を受けました。

なぜ彼女は箱庭に水をぶちまけたのか。今ある自分自身を壊し、すべてをリセットして、もう一度やり直したいという気持ちが水をぶちまけ、大洪水を引き起こして、いったんつくった箱庭をすべて破壊したんだと想像できる。

ネコがすっくと立ち上がったことによって、彼女が完全に心の病から立ち直ったとは言い切れない。ただ、彼女の中で何か大きな変化があったのは確かでしょう。立体的で動的な「心の地図」としての箱庭に、このような「破壊と再生」の力があることに、僕は感動した。

この女の子の事例について哲学者の中村雄二郎先生は次のように述べています。

「大袈裟《おおげさ》に言えば、それは〝世界の解体と再構成〟を示していることになるんでしょうね。われわれは小説や映画でそういう場面に出くわすと、ただ一つの話として受け取っているんだけれども、実はわれわれの心のなかでは、たえずそういうかたちで〝世界の解体と再構成〟がいろいろな規模で行なわれているんですね」(『トポスの知』)

僕自身も、試しに千葉の病院で箱庭療法を受けてみたことがあります。アイテムを箱庭に並べることによって、僕の内面がすべて解き明かされるわけではないと思うし、人に見せようという気持ちで意識的にレイアウトしてしまった感も否めない。そうであったとしても、やはり無意識のうちにアイテムを選び、配置したということはあるから、僕の内面が箱庭に表れているでしょう。

いったん描いた地図を破ることの意味

地図には本来、人の意識を映し出す働きがある。そのことをテーマにした僕の演劇作品が『ヒネミ』という舞台です。一九九二年に上演して翌年に戯曲が出版された。「日根水」と書いてヒネミと読む。戯曲は「かつて日根水という町があった。いまは存在しない。北と南には森があった。町の中心を東西に川が流れていた」というト書きで始まる。いまはもう消えてしまったこの町に住んでいた佐竹健二という主人公が、いまはもう、ばらばらの土地に住んでいるかつての住人たちに会って記憶を頼りに地図を描く、という物語です。

これには実在するモデルがいて、その人の話が強く印象に残って書いた戯曲です。そのモデルというのは神戸に住んでいらしたご老人でした。仮にAさんとします。神戸には戦前、新開地という大きな盛り場があった。それが戦争で焼け野原になって、なにもなくなってしまった。戦地から帰ってきたAさんは、かつてここに町があったはずなのに、戦災によって消えてしまったことに大きなショックを受けたんですね。そこで、かつて住んでいた人たちを探し歩き、そうして会った人たちによる「記憶」の神戸新開地の地図を描いた。その地図を見せてもらいました。まず地図の精緻なことに驚きましたが、もっとも驚くべきなのは、それほど詳細に今はもうない町の地図を描くAさんの情熱だと思った。

存在しない町の地図をどうして描くのか。過去の町の地図は、今どこかへ行くために必要な地図ではない。通常の地図としての機能は失われている。なぜわざわざ、かつてその町に住んでいた人たちを訪ね歩いてまで、記憶を掘り起こし過去の町を地図上に再現しようとするのか。どうしても過去の地図を描かずにはいられない。そんなふうに彼を突き動かしたものは何か。

それを知りたくてこの芝居を書いた。日根水町の地図をほぼ描き上げた終幕で、主人公はその地図を破る。なぜ破るのか。これは、先ほどの小学校六年生の女の子の箱庭と同じように、「破壊と再生」ないしは「世界の解体と再構成」の物語です。地図を完成させ過去を振り返った時点で、これからの人生を生き直さなければならない。ならば主人公は地図を破るはずだ。そう考えた。

「倉橋　……よくこんなに調べたね。細かいところまでよく描けてる。私の話が、参考になるだろうか。
佐竹　聞かせて下さい。これはまだ途中ですから。
倉橋　まだ？
佐竹　もう一度、新しい地図を描き直そうと思っています。またべつの日根水の地図。こうして描きつづけているときだけ、僕がいま、ここにいるということですからね」（宮沢章夫『ヒネミ』白水社）

私たちは本当に地図を描けるのか

さまざまな地図について考えてきましたが、ここで改めて「地図を描くとはどういうことか」まとめてみたいと思います。

第一に地図を描くとは、自然物や人工物の輪郭を線で表す記号化の作業だ。しかしその記号化の作業は、ときとして国家の判断によって隠されたり、個人的な判断によって誇張、拡大あるいは省略されたりする。

第二に地図を描くという行為は、グラフィカルな欲望の実現でもある。グラフィカルに示すことによって世界を把握し、自分が歩んだ道、そして今どこにいるのかを知りたい。

第三に地図を描くとは、概念や思想の図示でもある。目に見えない概念や思想の世界を視覚化し、私はその中のどこに位置しているのかを知るために。

第四に地図を描くとは、世界を我がものにすること。かつて地図を描くことも見ることも、強大な権力をもつ王の特権だった。「この土地はすべて私のものである」と確信し主張するために地図を描く。現代の領土問題にも、そうした習わしの名残が、かすかにうかがえはしないだろうか。

第五に地図を描くとは、世界を手なずけること。かつての王にとっての地図が世界を我がものにするツールだったように、今の私たちにとっても、地図を描くことは「私自身という世界」を知り、ひいてはそれを手なずけることにつながっていくのではないだろうか。箱庭療法がそのことを教えてくれました。

さて、ここまでまとめておきながら、ひっくり返すようで申し訳ないですが、そもそも本当に地図を描くことで、いま挙げた五つのことは可能なのだろうか？

地図を描くのは、記号の約束事を踏まえた技法の一つに過ぎない。それだけで自然物や人工物、ましてや人の心を本当に表現し、把握したことになるか。

そうではない、ということを逆に地図から教えられた気がします。地図は確かにこの世の中に存在する。けれども、本当に私たちは地図を描けるのか。かなり疑ってかからなければいけないと考えている。

象は大きすぎて画用紙に描けない

というのも、画家の中村信夫さんが書いた『少年アート』（弓立社）という本を読んでいて、思わず目を開かされた箇所があるからです。

「江の島の駅に子供の絵が二一枚展示されていたことがあります。それは、先生に引率されて行った動物園で、象をA４サイズの画用紙に描いたものでした。その中にひとつ、横の方に二本の線が引かれているだけの絵があった。他の絵には象がちゃんと描かれているし、背景に星が飛んでいたりするのですが、その絵だけ二本の線だけなんです。その下に〝この子は象が大きすぎて描けないということです〟と先生の説明が添えてありました。たぶん、その子の目には象は大きすぎて、鼻の部分の二本の線が、画用紙に見合うサイズだったのでしょう。教育された意識によって暗黙のうちにカッコつきの象を描いたのではなく、この子は、自分の目で見たものだけを一番素直に、画用紙に定着させたのです。僕が日本に帰ってきて一番感動したのは、この絵でした」

中村信夫さんはこのように述べている。僕も同じように感動した。「この子は象が大きすぎて描けないということです」。これはものすごいことでしょう。

私たちはなぜ象を疑いもなく描いてしまうのだろう。もっと言えば、どうして「山の八号目に波線を描くこと」で富士山を表したつもりになっているのだろう。

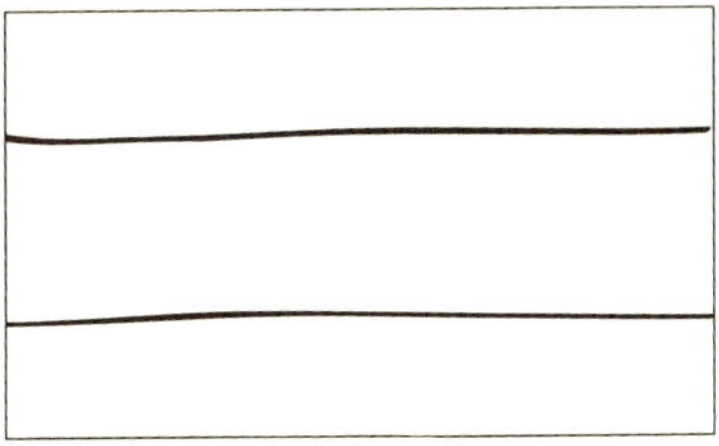

ゾウの絵（編集部作成）

子どもの頃から私たちは教えられてきた。象ならこのように描け、と。しかし、象の全身は大きすぎて画用紙に入り切らないから二本の線だけ描いて象の鼻。これだって確かに「象の絵」にはちがいない。

自宅の近くに、ある有名な大学の附属小学校と、公立の小学校があるんです。消防週間になると、一、二年生が描いた消防自動車の絵が展示される。毎年、それを見るのを楽しみにしているんですね。

附属小学校のほうは、みんなうまい。大人が見てうまいと思うような絵。こういうふうに描くと大人が喜んでくれる、褒めてくれることをよく知ってるんですよ。それを否定するわけではないし、いけないとも思わない。それも一つの絵の描き方でしょう。

一方、公立小学校の一、二年生が描いた消防車の絵はすごいんですよ。もう笑うしかないっていうか、でたらめこの上ない。ただひたすら赤くて丸い、得体の知れない物体が描かれているとか、そんな絵ばかりで、これはすごいなと、かえって感動する。まさしく、二本の線だけで象を描くのと同じ精神がみなぎっている。

地図は記号の約束事を踏まえた技法のひとつです。しかし、いつもその技法に縛られていては、つまらない。僕は、遊びに来る友だちのために駅から自宅までの道を地図にするとき、ありもしない海や空港を描いたりする。そんなことをしても、友だちには何の役にも立たない。ただ単に、自分の楽しみのためにやっている。

大学の授業も、映像でタイトルをつくり、バックに音楽を流したりする。学生が喜ぶからとか、見た目のよさとか、そんなつもりは一切ない。それをつくること自体がおもしろいからやっているだけです。

道順さえきちんと描いてあれば、それ以外の所には何があってもかまわない。自分自身が楽しむために、そういう変てこりんな地図があってもいいではないか。そう考えています。江の島の子どもが二本の線だけで象を描いたのと同じように。

原寸大の地図を描くことはできない。その大前提のうえに、地図のさまざまな技法が成り立っている。このサイズの中に、こんな縮尺で必要な記号や文字を入れて、わかりやすくしなければいけないと。

しかし、そこから自由に逸脱することも、私たちには許されている。多様な側面を持つ地図を、今までとは違う角度から眺めてみてはどうだろう。

◎若い人たちへの読書案内

地図について考えるには、たとえば、堀淳一《ほりじゅんいち》『**地図（FOR BEGINNERSシリーズ）**』（現代書館）や、**今尾恵介**《いまおけいすけ》『**地図で読む戦争の時代**』（白水社）、あるいはちょっと変わったところで、まったく想像力だけで仮空の街の地図を作る、綿密な仕事がグラフィックとしての地図の魅力を伝えてくれる**今和泉隆行**《いまいずみたかゆき》の『**みんなの空想地図**』（白水社）など数多くある。なにか書物を手にして参考にするのもいいが、まずはそのものを、つまり「地図」を手元に置いておくのが一番だ。地図はほんとうに面白い。いつまで見ていても飽きない。

たとえば地名だって興味をそそられる。

もう十年以上前になるが、京都に二年ほど住んでいた。京都周辺の地図を見ていると、地形の面白さ、というか、碁盤目状に創られた街の通りも面白いが、ときとして、その周辺に不思議な地名があって驚かされる。

「京都府綴喜郡宇治田原町贄田」

かつて小説を書いたとき、この最後の「贄田」という文字を使って、「ニエタ」という登場人物を書いたが、ほんとうは「ねだ」と読む。「贄田」も興味深いが、「綴喜郡」も興味を抱かせる。そもそもどう読むのが正しいかわからないので調べると、「つづきぐん」だった。けれど、地名にはなんらかの意味があるにちがいない。「贄田」も「綴喜郡」も、いったいどういう謂《いわ》れがあるのだろう。歴史を考える。時代を遡る。そんなことを考えていると、地図に目を通すだけで、すぐに時間が経ってしまう。

普通の地図だけではない。

古地図という言葉を聞くと、たとえば江戸時代の大名屋敷のあった場所を示す絵図のようなものを思い浮かべてしまうが、ごく最近の「特別な古地図」もある。

たとえばそれが、「レコードマップ」だ。

九〇年代のある時期、渋谷の宇田川町周辺や、新宿の西口界隈《かいわい》には小さなレコードショップが何軒もあった。CDショップではない。九〇年代に入ってもまだ、アナログの、針を落としてターンテーブルで再生するレコードの店だ。その時代の全国のレコードショップがほとんど網羅されていた。いまでも発行されているのだろうか。過去のレコードショップの場所を教えてくれる「レコードマップ」は、もう店もなくなってしまい、いまではなんの意味もないが、それを見ているだけで、ポップミュージックの変遷がわかる。どの時代になにが生まれ、そして消えていったか、地図が語ってくれる。神保町《じんぼうちょう》の古書店街地図も面白い。あるいは、古い女性向けのファッション誌に載っていた六本木の地図も面白かった。流行《はや》りのレストランが記されている。バブルの時代のそんな地図にはどこか、この国の間抜けさが漂っているようでとても興味深い。

そして、土地の境界はたいてい川だ。

たとえば、私が住んでいる東京の近くでは、利根《とね》川沿いに地図上に線があり、それが、埼玉県と茨城県の県境を示すとわかる。栃木県と茨城県を区切るのは渡良瀬《わたらせ》川だ。そうして地形で地図を見ると、またべつのことを教えてくれる。古い歴史のなかの、人々の営みだ。川を渡ることが困難だった時代があり、その川を挟んで、向こうとこちらでは、大きく文化が異なるかもしれない。

すべて歴史だ。地図は歴史も語ってくれる。地名にはきっと意味がある。地形によって土地は区分けされる。時代の流行りや、経済の変化によって都市の地図は書き換えられる。いま、手元にあるその地図だけが絶対ではない。じっと見ていればなにかが見つかる。そして、また異なる地図を手に入れ、世界をべつの視点から見ることも可能だ。

地図はとても豊かな書物だ。

イモリやプラナリアの
逞しさに学ぶ

阿形清和

あがた・きよかず

一九五四年大阪府生まれ。八三年基礎生物学研究所助手、九一年より姫路工業大学（現兵庫県立大学）理学部生命学科助教授。このころからプラナリアの研究に着手。二〇〇〇年より岡山大学・理学部教授。〇二年より理化学研究所発生再生科学総合研究センター・グループディレクター。〇五年より京都大学大学院理学研究科・生物物理学教室教授。著書に『切っても切ってもプラナリア』（岩波書店）など。

サッカー少年から「再生の研究者」に

私はずいぶん日焼けしていると思います。実は、大学の教授は仮の姿で、ほんとうは「サッカー命の男」なんです。サッカーを職業として生きていきたかったのですが、まだJリーグもない時代でしたので、研究者になりました。今でもあきらめきれずに、「いずれはJリーグへ」と転身を狙《ねら》っています。

桐光学園はサッカーでも有名な学校ですね。中村俊輔《しゅんすけ》選手（横浜F・マリノス）や藤本淳吾《じゅんご》選手（名古屋グランパスエイト）、本田拓也《たくや》選手（鹿島アントラーズ）などそうそうたるプレイヤーを生み出しています。今日はせっかくですから、サッカー部のグラウンドや練習も見てみたいと考えているのです（この講義は二〇一二年六月三〇日に行われた）。

そんな私なのでサッカーの話も織り交ぜて、話を進めていこうと思います。

今日の話は大きく分けて二つあります。一つは自分の研究をベースにした「再生できる動物と再生できない動物の境界」。もう一つは「勉強する子と勉強しない子の境」を考えます。

自分のことを振り返ると、高校生のときはサッカー一筋でした。だから高校三年生の春に引退させられて勉強しなければいけない状況になっても受験勉強などやる気が出ませんでした。

大学に行って勉強する価値が見出せなくて悩んでいた時期に、岡田節人《ときんど》さんが書いた『細胞の社会――生命の秩序をさぐる』という本に出会いました。私はこれを読んで「再生の研究者になろう」と思い、岡田先生のいる京都大学をめざして本格的に勉強をスタートしました。そして迎えた入学式の日。私は岡田先生の研究室に押しかけて「再生の研究をしたくて東京からきました」と言いました。すると「おもろい奴がきた」と受け入れてくださったので、大学一年生から大学院の研究室に出入りさせてもらえることになりました。

サッカーに夢中だった私が、それ以上に魅了された「再生の研究」とはどのようなものなのかをご紹介します。

レンズをなんどでも再生できるイモリ

イモリは脊椎動物の中でもっとも再生能力の高い生き物です。わかりやすい例として、イモリの眼の「レンズ（水晶体）の再生」を取り上げます。

人間は齢《とし》を重ねると、レンズが濁ってきて白内障という疾患になります。そこで人間は眼科で手術して濁ったレンズを取り出します。レンズは再生しないので代わりにガラス玉を入れますが、イモリは違います。イモリの角膜を切開してレンズを取り出すと角膜が閉じて再生がはじまり、ほぼ一カ月でレンズが再生するのです。イモリのレンズは何回抜いても必ず再生します。人間から見るとこれはとんでもないことですね。

僕がもっとも興味をそそられたのは、黒眼にあたる細胞が脱色して透明なレンズになっていく過程でした。イモリは「レンズの種」を持っているわけではなく、レンズを抜き取ると黒い細胞の一部が変化してレンズになるのです。つまり光を通さないように黒い色素をもっていた細胞が、逆に透明化して光を通す細胞に変化するということです。にわかには信じがたいことですが、京都大学生物物理学教室の江口吾朗《ごろう》先生と岡田節人先生が科学的に証明しました。

一四九ページの図はイモリのレンズが再生する過程を、江口先生らが電子顕微鏡で見たところです。プチプチした黒い細胞が「色素顆粒《かりゅう》」。これは眼球の色素上皮細胞などにみられるメラニンを含む顆粒です。レンズを抜くと黒かった細胞が色素顆粒を捨てます。貪食細胞が色素顆粒を食べることで黒い色素がなくなって、透明なたんぱく質でつまったレンズ細胞に変わっていくのです。

まるでナメック星人のような生き物

イモリにはこのほかにも驚くような点がたくさんあります。たとえば頭蓋骨を開いて脳の一部を切り取っても再生します。人間が交通事故に遭って脳挫傷で脳の一部を損失することがありますが、イモリはだいじょうぶなんですね。下あごを切り取ったとしても、口の中にエサさえあげてあげればそのうち歯も含めて再生します。心筋梗塞にかかった人間の心臓は再生しませんが、イモリなら心臓の一部を切り取っても二カ月後には元のサイズに戻ります。とんでもない生き物なのです。

君たちは『ドラゴンボール』というマンガを知っているよね？　ピッコロというナメック星人がいるけれど、彼は戦闘で手を失ってもすぐに再生する。地球人にはそんなこ

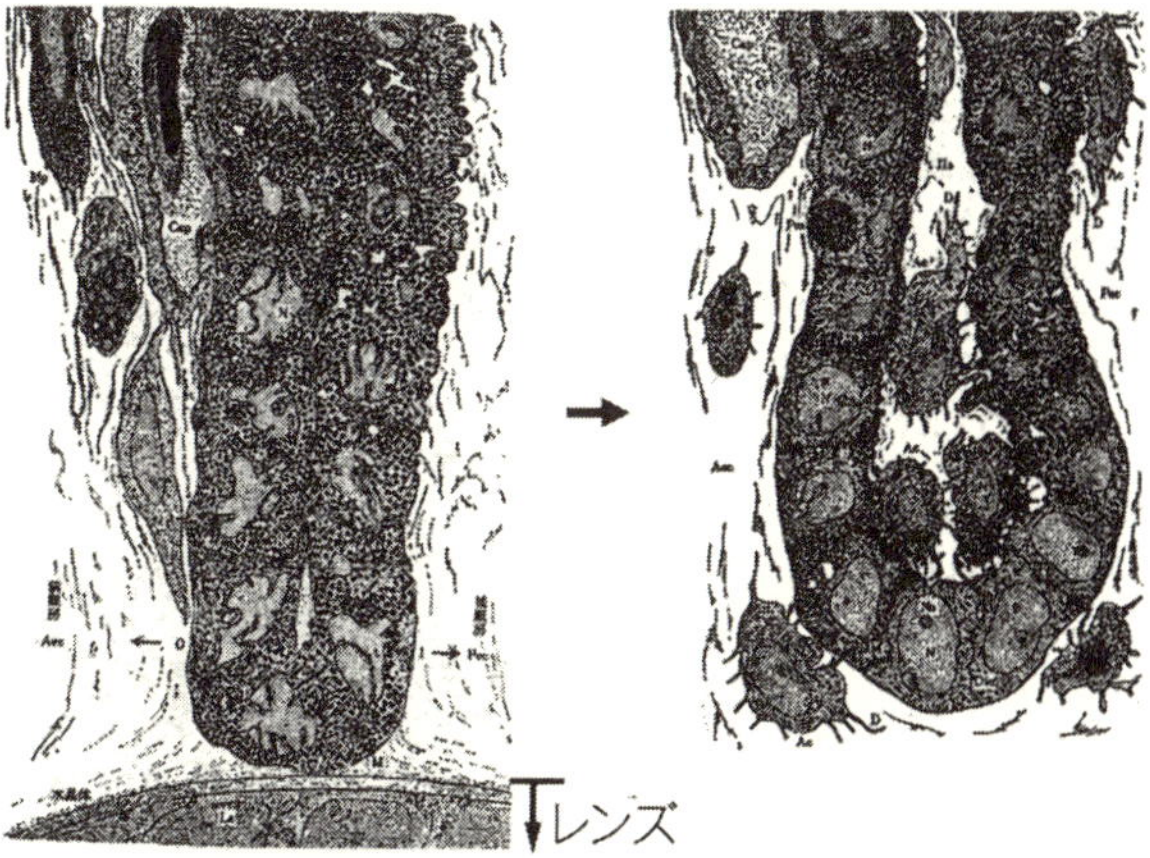

『現代生物化学入門』7、再生医療生物学（岩波書店）P 13 より引用

とはできないけれど、イモリは手を切ってもちゃんと再生します。その様子を見てください（一五〇ページの写真）。

まずはイモリの手を切ります。傷口がふさがるとやがて肉が盛り上がってミニチュアの手ができます。それが成長してもとの大きさまで戻ると成長が止まります。だいたい一〜二カ月すると、手は元通り再生するのです。

イモリは切り口に再生芽《さいせいが》というものができて、失われた部分を付け足すように再生すると考えられています。生物学では「付加再生」と呼びます。イモリの手の場合はまず軟骨として再生したあと、リン酸カルシウムが沈着して硬い骨に変わって元に戻るという仕組みです。人間と同じような複雑なつくりの手首を、完璧に元通りにするというものすごいことをイモリはやってのけるのです。

地雷で手足を失った子どもたちが義手や義足をつけて生きているように、肉体や臓器の一部を失っても再生することができない人間とは大きな違いです。

マウスの腕を切断した場合は再生しませんが、肘から上の骨までが太くなります。骨は失われた前の方ではなく横方向に広がっていきます。すなわち、骨として再生しようとしている様子が見られます。これが横方向ではなく前方に伸びれば再生するようにな

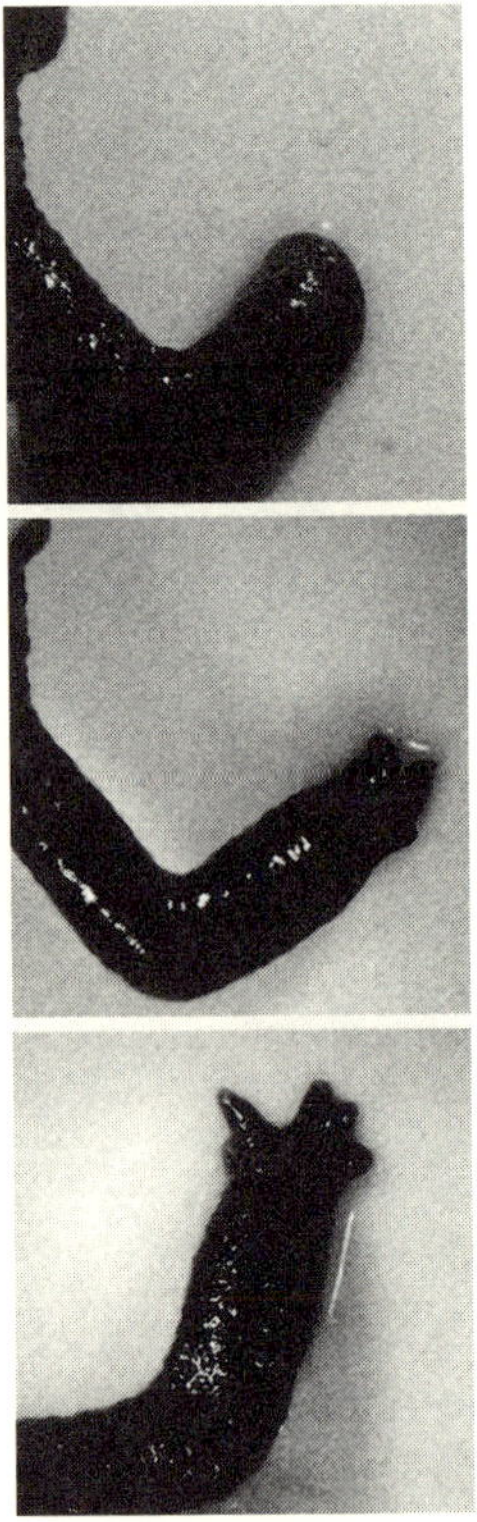

『切っても切ってもプラナリア』（新装版／岩波書店）P 28 より引用

らないでしょうか。実際にイモリは正しい方向に軟骨が伸びて再生のパターンをつくっています。

僕らもときどき骨折しますが、時間が経てば治ります。サッカーをしていて蹴られて筋挫傷することもありますが、それも治癒します。人間も組織や細胞レベルでは再生できるポテンシャルをもっていることがわかります。しかし、一部分が全体として失われてしまうとイモリのようには再生できないことになります。

もしかすると、人間も再生のパターンさえつくることができればイモリのように再生はできるようになるかもしれません。それは遠い未来の話ではないと私は考えています。

プラナリアから探る「再生の境界」

では、再生できる生き物と再生できない生き物の違いはなんなのでしょうか。その違いの境界が明らかとなり、その境界を突破できれば再生への道が開けるのではないでしょうか。そう考えてわれわれは再生できる生き物とできない生き物の差を調べているのです。

たとえばイモリと同じ両生類にカエルがいます。変態する前のオタマジャクシのときはイモリと同じように手足を切ってもちゃんと再生するのです。ところが変態してカエルになったあとに切断すると、元通りにはなりません。マウスと違って骨が切断された方向に向かって伸びて骨のかたまりができますが、元通りにはなりません。スパイクのようなかたちに留まります。イモリは再生するけれど変態後のカエルは完全には再生しない。けれどもカエルの幼生であるオタマジャクシは再生する。一体再生する生き物と再生できない生き物の差はどこにあるのでしょうか。

再生能力が高いことで知られているプラナリアの中にも再生能力の高いものと低いものがあります。プラナリアとは、扁形《へんけい》動物門ウズムシ綱ウズムシ目ウズムシ亜目に属する生物の総称です。日本で「プラナリア」というとナミウズムシを指します。再生能力が極めて高いことで知られていますが、意外とかわいい姿をしています。

ナミウズムシは、きれいな水が流れ込んでいる水路、たとえばあまり農薬を使っていない田んぼの用水路や水の流れがゆるやかな水深の浅い川などに生息していて、石や枯葉などの裏に張りつき、カゲロウの幼虫などの水生昆虫を食べて生きています。神奈川県でも条件を満たす場所では採集できるはずです。

ナミウズムシは体長一〜二センチメートルの小さな生き物ですが、仮に一匹を九の断片に切り分けるとそれぞれの断片が一匹に再生します。つまり九つの輪切りがすべて再生して九匹のナミウズムシになるわけです。

私のフィールドである関西でプラナリアを採集すると、ナミウズムシと同じ場所でコガタウズムシという別種のプラナリアが採れることがあります。どちらも同じ淡水生ですが、ナミウズムシは体のどこで切断しても再生するのに対し、コガタウズムシはしっぽに近い場所で切断すると頭は再生できないのです。同じプラナリアでもそういう違いがある。その差を見ていけば、再生できるものと再生できないものの境界がわかるはずです。

イモリとカエルの違い、そしてプラナリアのナミウズムシとコガタウズムシの違い。そこには共通した違いがあることを僕たちは見つけました。

どこで切っても「先っぽ」から

なぜプラナリア（ナミウズムシ）はどこで切っても一匹ずつに再生するのでしょうか。僕たちの一〇年間の研究で見つけたことは、「どこで切ってもまずは先っぽ（先端）を再生する」ということです。

再生と聞くと、一般的には「切断された根元から順々につくられていく」と思いがちです。しかし、イモリの腕を切り落とした場合でも、あとに生まれてくるもっこりした部分（再生芽）にはすでに指のミニチュアができています。つまり腕はまず先っぽである指をつくり、そのあとに途中をつくっていきます。

プラナリアも同じ原理でした。一匹を九つに切断して一番から九番の番号をつけて観察していると、どの部分の断片であろうと、まずは頭の先端と尾の先端ができていきます（一三ページ）。四番や九番の断片であってもまず頭としっぽの先端をつくる。途中の部分はそのあとつくっていって、先端とのギャップがなくなった時点で再生が止まるという仕組みでした。すなわち、「先っぽ」さえできれば、あとは、先端と残った部分のギャップを埋めるように再生すれば、一匹のプラナリアが再生できるわけです。

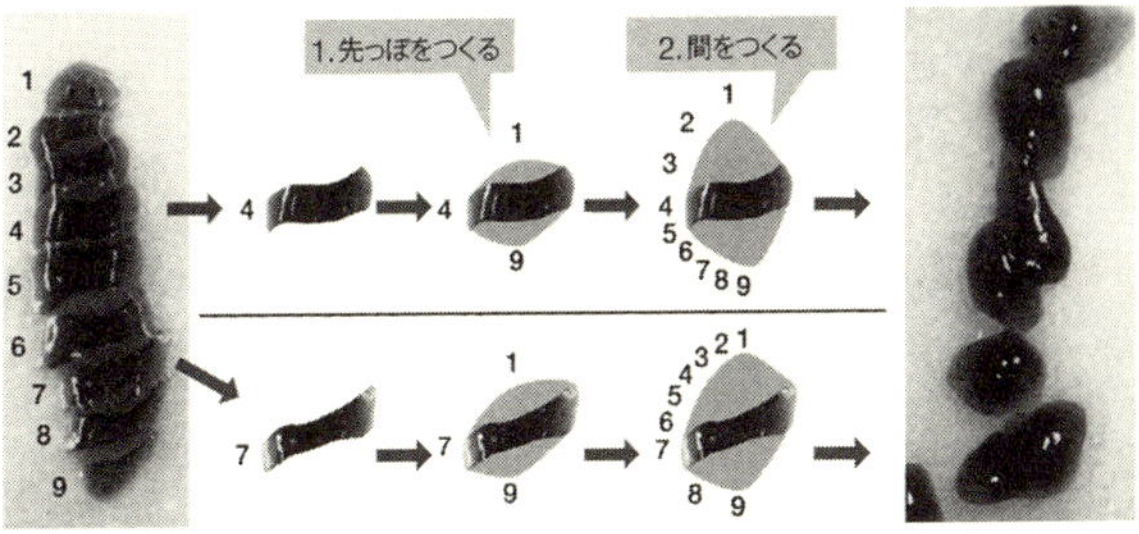

どうやったら「先っぽ」ができるのか。ここで大きな問題は、先端をつくるメカニズムです。

プラナリアは体のどこで切断しても頭と尾の方向性を間違えることはありません。つまり両側に頭ができたり、両側に尾ができたりはしないのです。生物学ではこれを「体に極性がある」といいますが、プラナリアは細い断片であっても元の頭のあった方向と尾のあった方向を憶《おぼ》えていることになります。

われわれは先端をつくるメカニズムを究明するために、プラナリアの「体に極性がある」という仕組みを逆手にとって次のような実験を行いました。

一五七ページの図ではプラナリアを真横から見ています。頭と尾がありますね。真ん中の構造物は咽頭を表しています。図の上方向が背で下方向が腹です。点線のように体の一部をガラス管でくりぬいて、再びプラナリアに戻します。当然傷つきますが、再生能力が高いので元通りになります。まるで何もなかったようにケロッとしていますね。

次はくりぬいた部分を天地逆さまにして体に戻してみました。先ほどと同じようにプラナリアの体の一部をガラス管でくりぬいて、背側が腹側に、腹側が背側になるように戻したのです。

すると、そのくりぬいて戻した部分ともとの体の境界面に再生芽のような白っぽいものができてきます。そのまま放っておくと下の図のように背側も腹側も再生芽がにょきにょきと伸びはじめるのです。

つまり、背と腹が接した箇所に突起が伸びていることがわかります。頭部にできたラッパ状に伸びた構造物にはそれぞれ脳ができます。もともとあった頭と合わせると全部で五つの脳がつくられます。おもしろいのはそれぞれがきちんと生きていることです。図に記しているABCDEとは部位を表しています。AとE、BとD、CとCがそれぞれ接していますね。この実験からわかることは、AとE、つまり背側と腹側が接しているという「ギャップ」を埋めるために、新たにBとCとDをつくらなければならない

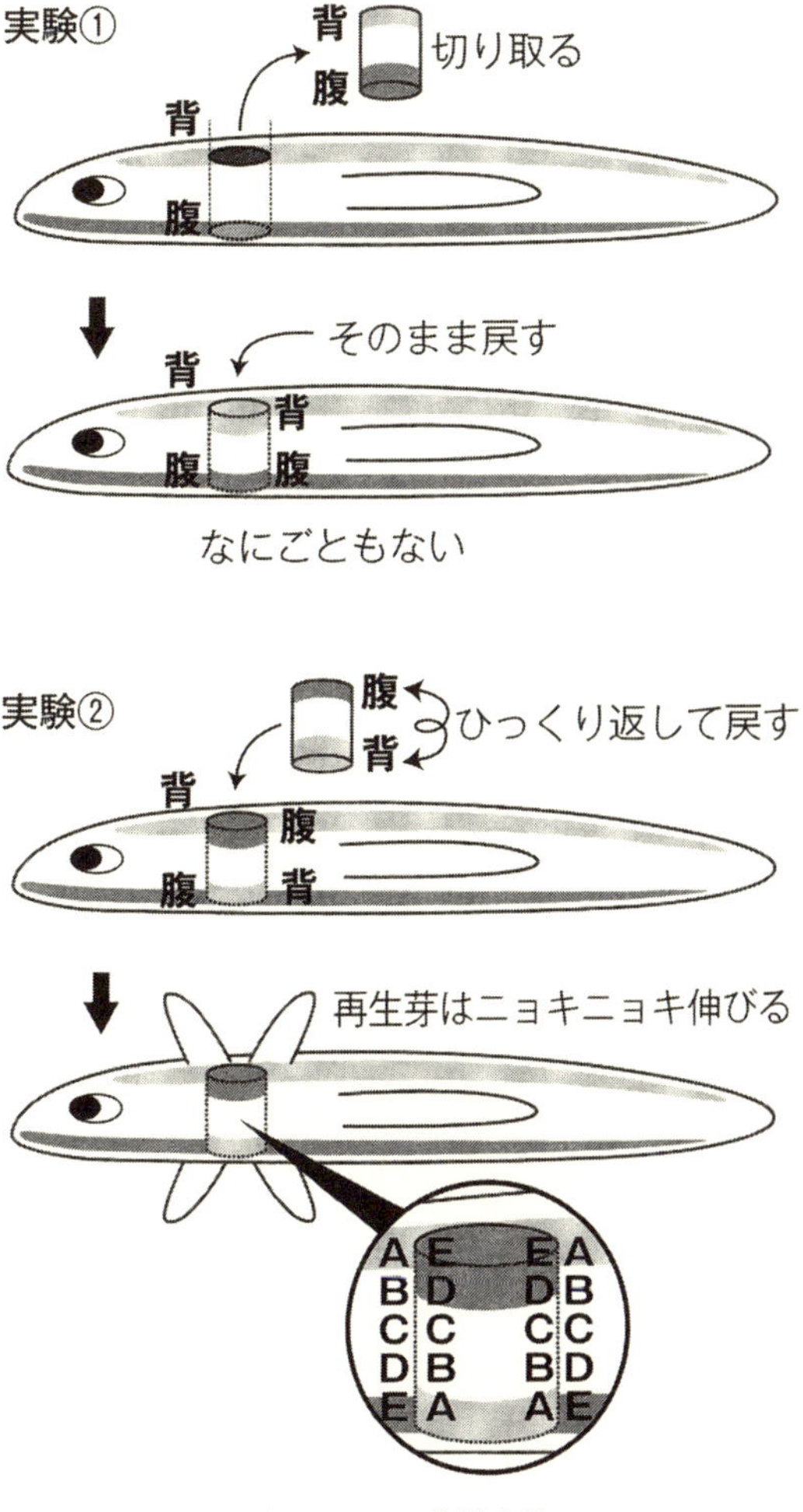
実験①
背
腹
切り取る
背
腹
そのまま戻す
背
背
腹
腹
なにごともない
実験②
腹
背
ひっくり返して戻す
背
腹
腹
背
再生芽はニョキニョキ伸びる
A E E A
B D D B
C C C C
D B B D
E A A E

プラナリアの移植実験

のです。その作用によって、境界面で再生芽の突起をつくるということが起きていました。

この結果を受けて、僕たちは「A（背側の表皮）とE（腹側の表皮）が接することが重要なのだ」ということに気づきました。

プラナリアは一匹を九つに分断してもその断片がすべて一匹として再生します。プラナリアをナイフで切ると傷口が閉じますが、どういう風に閉じるか。それは背側の皮膚と腹側の皮膚がくっつくように閉じるのです。つまり移植実験でわかったように、AとEがくっつくのですね。

プラナリアは体のなかに座標と番地を持っていて、番地に応じた再生を行います。ですから、AとEがくっつけば、そのギャップを埋めるためにB、C、Dをつくる必要がある。そして元の頭側につくられた新たな再生芽が一番に、元の尾側につくられた再生芽が九番になれば、あとは根元の番地とのギャップを埋めるように再生すれば一匹として再生することがわかりました。

私たちの研究室では、プラナリアを用いて再生に最も重要な「先端をつくる原理」を見つけたのです。そして、コガタウズムシの尾の断片では、一番となる頭の再生芽ができないために再生できないことがわかってきました。再生できるプラナリアと再生できないプラナリアの差は「先っぽ」が作れるかどうかの違いにあったのです。最近になってこの違いを解消することでコガタウズムシの尾の断片からも頭を再生することに成功しました。

人間の再生を妨げるもの

プラナリアで見つけた原理がイモリでも働いていることが、次のような実験から明らかにされています。

イモリで腕に通っている神経を切って、曲げて、上腕につなぎました。本来神経が通っていない部位につないだわけで、これはたんなる「でっぱり」で終わってしまいます。

今度は背側の表皮を腹側に移し、プラナリアのAとEのような関係をつくり、そこに神経をつなぎます。するとどうなったでしょう？　まるまる一本の腕ができたのです。

プラナリアとは異なって、イモリの場合は神経をつなぐ必要がありますが、背と腹の表皮がくっつくことで、「先っぽ」をつくることに成功し、腕をつくることができたわけです。

私たちは今、マウスにも同じことができるのではないかと考えています。というのも、先ほど「プラナリアは体のなかに座標と番地を持っている」と言いましたが、マウスも人間も発生の段階では同じように座標と番地をつくりながら体をつくっていくからです。例えばわれわれの手足が背と腹の境界にできるのも、同じ原理で体ができることを示唆しています。

腕を切断されたマウスは何とか腕を再生しようと骨を横方向に太くする動きを見せました。そこで、マウスの背と腹にあたる表皮をうまくつないで、そこに「先端をつくるシグナル」をつくれば横方向ではなく正しい方向に伸びて、失われた腕を再生できる可能性があると考えているのです。

では、なぜイモリが再生できて、マウスは再生できないのか。そこで考えられることは「かさぶた」の存在です。

人間がケガをすると、かさぶたができますね。それによって傷口からの出血を抑えるわけです。かさぶたでいったん傷口を覆う。そのあと表皮が再生していくというのが通常です。

ところが、かさぶたができることによって、プラナリアやイモリのように背側の表皮と腹側の表皮が接することがなくなってしまいます。

人間やマウスは、実は再生に対する反応自体は起きているけれども、「先端をつくる」というイベントに必要な「背側と腹側の表皮がくっつく」という行為がかさぶたによって妨げられているから再生に至らない。そう考えることもできるのです。

もちろん人間やマウスはイモリよりも断面積が大きいので、そう簡単に再生を引き出すことはできないかもしれません。しかし、かさぶたができないように、背と腹の皮膚をつなげるようなことをして先端さえつくれれば、あとは神経などの体内組織がシグナルに反応して、手足をつくることができるようになるかもしれないのです。

目標は「人間の再生医療」

人間はイモリやプラナリアのように再生できない代わりに何を手に入れたのでしょう

か。ダーウィンの進化論で考えると、再生できる方が絶対に有利なのに人間は、進化の過程でなぜ再生能力を失ってしまったのでしょうか。

生物の体が大きくなり、寒い所でも生きられるように恒温動物化したために血液の循環が活発になり、出血したときのダメージも大きくなりました。血を止めないとその個体は死んでしまいます。ですから、かさぶたをつくることにこだわった個体だけが生き残ったのではないかと思います。人間はかさぶたによって生命の維持はしやすくなったけれど、その代償として再生能力を失ったというのが私の考えです。

再生の研究をしていると「ほんとうに再生なんてできるんですか?」とよくきかれますが、先にお話ししたように人間は骨も、筋肉も、皮膚も再生できる能力があるわけです。あとはそれを統合して形にするメカニズムをつくればいいわけで、私は再生は十分可能だろうと考えています。

今はカエルで手足を再生できるように試みています。カエルで成功したら次はマウスで、そして最終的には人間の再生医療の実現化へ——。それが、今の科学者が挑戦していることです。

人間がプラナリアやイモリのように再生できれば、実にいろいろなことが改善されるでしょう。先ほどお話しした地雷で手足を失った子どもを義手や義足から解放できますし、交通事故や病気で手足を失った人も日常生活に支障がなくなります。白内障になってもレンズを除去して再生を待てばいいですし、老化などで傷んだ臓器は切除して新しい細胞で再生させれば快適な老後を過ごすことができるようになるでしょう。そういう時代の到来は、夢ではないと考えています。

研究で大切なのは、境界、つまり差がどこにあるかを明らかにして、そこから新たな着想を生み出すということ。違いがどこにあるのかを考えて、そこから再生を可能にする術《すべ》を生むための作戦をあらゆる面から検討することです。

勉強する子としない子の境

それでは、今日のもう一つの話題である「勉強する子と勉強しない子の境」について考えてみましょう。

まずは私自身のことからお話ししますね。高校生のときはサッカーしかしていなかったので、すんなり京都大学に入学できたわけではありません。予備校にも通わず二年間自宅浪人で、勉強を本格的にスタートしても最初は偏差値四五でした。

なにが私を変えたのか。それは「再生の研究者になりたい」という思いでした。

いい例があります。僕は少年サッカーチームの監督を二〇年くらいつづけていますが、二年前に四年生のチームを受け持ちました。しかし、どのチームと対戦してもいつも一〇点差で負けるような弱いチームだったのです。ところが、六年生となった今年、全日本少年サッカー選手権の地区予選決勝まで勝ち上がったのです。二ケタ得点されて負けてばかりいたチームが、なぜたった二年間で地区のトップレベルまで登りつめたのでしょうか。

この学年の子どもたちは弱かったけれども、全員が「強くなってサッカーを楽しみたい」と思っていたことが他の学年とは違いました。好きじゃないけど親に連れられてきて渋々やっている子とか、他の子と差がついてしまったのでやる気をなくしている子とかいろいろいます。ところが、このときはたまたま全員が「サッカーがうまくなりたい」と考えたことでレベルが上がって、〇対一〇の弱小チームが地区の決勝まで勝ち進むことができたのです。

この子たちを指導してきてわかったことは、やる気になるか／ならないかという一点が重要だということでした。

君たちが今、どういうかたちで勉強しているのか、それが問題です。わかりやすいのは英語でしょう。日本の多くの人は、いい高校、いい大学に入るために受験勉強の一環として英語を勉強しています。ところが、英語は外国人とコミュニケーションするために勉強するものなのに、受験のために勉強していることに問題があります。

中学・高校・大学と一〇年間英語を勉強しているにもかかわらず、日本人は外国に行っても貧弱な英語しか話せません。総理大臣ですら通訳がいないと諸外国の代表者と話ができない。これが日本人の情けない状況です。

受験のためではなく、自分の意思を伝えるために英語で話がしたい。そういう思いで英語の勉強をするようになれば日本人の英語能力は変わるでしょう。

サッカー界で世界的に有名なマンチェスター・ユナイテッドＦＣに移籍した香川真司《しんじ》選手は、昨シーズンまでドイツのボルシア・ドルトムントというチームに所属していました。彼はドイツ語でコミュニケーションするために徹底的に勉強したそうです。マンチェスター・ユナイテッドFCではチームメイトと英語で話そうとさらに懸命に学ぶでしょう。おそらく一年後には英語でインタビューにこたえているはずです。日本の学校で一〇年間英語を学ぶよりも、香川選手のような環境で一年間学ぶ方が圧倒的に話せるようになるはずです。

学ぶことのモチベーションを高める

桐光学園に通っているみんなは試験を受けて入学したと思います。けれども、いい大学に入るためだけに勉強していたのでは、学力は伸びないのです。

「英語はこれから絶対に必要だから」と思って勉強するのと、「入試でいい点を取るため」に勉強するのとではのちのち大きな差が出ます。いい大学に入ったらそこで目標を達成してしまうわけですから、モチベーションは落ちますね。けれども、「貿易の仕事がしたい」とか「外務省に入ってたくさんの国の人々とコミュニケーションしたい」という気持ちがあれば、英語力はエンドレスで伸びていくでしょう。

「将来はこんなことをしたい」という目標に向かって自分を磨くために勉強する。そういう視点を持たなければ勉強はおもしろくなりません。

私も高校生のときはそうでしたが、「試験前に一週間だけ勉強する」という人が多いでしょう。そこそこの点数を取って大学には入るけれど、それだけでは世界に通用する人間になれません。将来いろいろな業種のプロになるために、今は自分を磨く時期で、そのための勉強なんだという視点をもってください。試験は一つのきっかけや目安です。モチベーションを植えつけられた子どもはどんどん伸びます。「おもしろいな」と思って自分で取り組むことがすべての基本となります。

偏差値四五だった私は、自分を変えるために新聞配達をしながら自宅で浪人する生活を選びました。ところが、人間はそんなに簡単に変われるものじゃないし、新聞配達に熱中したこともあって、結局二浪することになりました。やらされるのではなく、自分から勉強する。そういう姿勢に変えるために一年数カ月費やしましたが、自分で勉強できるようになってから偏差値は五〇、六〇、七〇と上がり、最後は七〇台で安定していました。そうなるまでにはいろいろな葛藤を経て、自分との戦いを乗り越えなければいけません。

君たちもきっと小学校や中学校で試験のたびに勉強するという習慣になってしまっていると思います。ですから、自分自身で勉強していく姿勢を身につけるのはなかなか困難なことでしょう。時間がかかるとは思いますが、ぜひ今から考えてほしいことです。

受験勉強のためでなく、自分を磨くために毎日少しずつ勉強する。「ああ、また今回も試験前にしか勉強しなかった。ヤバいな」と思うことを何度か繰り返すうちに、自然と机に向かって勉強するようになる。そういう自分を目指すことが大切です。

桐光学園では高校二年生でカナダに行くそうですね。それはとてもよいことだと思います。できるだけ若いうちに海外へ行って友だちをつくって、その子たちとE-mailでコミュニケーションする。それだけで英語力はぐっと伸びるはずです。

今まで通りの生き方ではなく、これからは発想を転換して、日本の若い人たちに世界でどんどん活躍できるようになってほしい。それは、勉強に対するモチベーションを自分で高めて、取り組み方を変えることからはじまります。

（※本稿の元となった講義は、二〇一二年六月三〇日、桐光学園にて行われた。）

◎若い人たちへの読書案内――読書と実体験

中高生のための推薦本を書くように頼まれましたが、私は大学時代に同級生たちに読書との決別宣言をしたことを思い出しました。なぜ大学時代に同級生らに〈読書と決別しよう〉と宣言したかというと、読書でバーチャルな体験（疑似体験）をするより、実体験を重視する、あるいは強調するためでした。人生を豊かにする／たくましいものとするためには、どれだけ人生経験を積んだかがポイントとなります。読書は、知識や見聞を広めるだけではなく、実際には経験できない経験を短期間で積める点、全く違う視点での人生を疑似体験できる点、などが大きな魅力であり、危険を伴うことなく人生の幅を広げてくれるところが凄いところです。しかし、大学時代は実体験を積める時期なので、本で疑似体験するよりも積極的に実践の人生経験をするようにしよう……というのが私の主張でした。

そんな実体験派の私に、高校時代に強烈に人生へ影響を与えた三つの本があったので、それらについて簡単に紹介したいと思います。一つめは植村直己《なおみ》の『青春を山に賭けて』でした。五大陸の最高峰を踏破した冒険家の植村直己が過ごした青春の日々を、ドキュメンタリー風に書き上げたものです。こんな無謀なことをしている人がいるんだ――と驚くとともに、逆にこんな無謀なことをするキャラでないと極地は征服できないのか、とその凄さを知ったのです。

本を読みながら味わった疑似体験は強烈でした。一気に世界の最高峰を登った感じでした（その後、植村直己は極地探検の世界へ入り、最後は冬のマッキンレーで消息不明となります）。二つめも山に関係した小説なのですが、新田次郎の『孤高の人』でした。これは加藤文太郎という実在の人物をもとにしたノンフィクションに近い山岳小説なのですが、あくまでも小説なので、人間としての心の葛藤が随所に描かれています。山という状況だからこそより鮮明となる個人としての生き方、他人の生き方との摺《す》り合わせや葛藤が絶妙に描かれています（最後は守り続けてきた単独行の哲学を破り、北鎌尾根で死ぬことになります）。それは自分の人生の全てのシーンに通じる心の葛藤をクリアに示してくれました。

　三つめは、ノンフィクションや小説でもない、〈漫画〉です。そう、高森朝雄（梶原一騎、作）とちばてつや（画）が描いた『あしたのジョー』です。漫画ですが、これはもう小説を越えるインパクトを自分の人生に与えてくれました。自分はどんな生き方をするのか、挫折にどう立ち向かうのか。結局、気がつくと、自分はサイエンス界の〈あしたのジョー〉を目指す生き方を選んでいたのです。〈再生の研究で白い灰になるまで燃え尽きる〉……これが自分の人生となったのです。それは疑似体験ではなく、実体験として四〇年にわたり燃やし続けました。ある時は学生とパーティーを組みながら、ある時は孤高の存在として〈再生研究の極地〉を究めたのかもしれません。中高生のみなさんも、中高生の時に読書で疑似体験を積み、大学に入って実体験を積みながら自分の生きざまを見つけてください。

〈若さの歴史〉を考える

鵜飼哲

うかい・さとし
一九五五年東京都生まれ。京都大学大学院文学研究科修士課程修了後、パリ第8大学にてジャック・デリダに師事。現在は、一橋大学大学院言語社会研究科教授、フランス文学・思想、ポスト植民地文化論研究。

自分が知らない時代のこと

今日は〈若さの歴史〉についてお話しします。皆さんはこのテーマを聞いて不思議な言葉だと感じたのではないでしょうか。「若いということは歴史ではないだろう」、あるいは「いつの時代にも若い人はいるじゃないか」と思われるかもしれません。時代を超えて、どの世代の若者が読んでも感動するような「永遠の青春文学」があるくらいですから、首をかしげる人は多いでしょう。

ところが、実際にはそうではないのです。今、この時代に生きている皆さんは、自分が若いということはどういうことなのか、すぐにわかりますか？　おそらくよくわからないと思います。〈若さ〉には謎の部分があるのです。

私が〈若さの歴史〉について考えるようになったのは、年老いた両親の晩年に伴走するようになったことがきっかけです。私の父は二〇一〇年に、母は二〇一二年に亡くなりましたが、桐光学園と同じ川崎市麻生区にある老人ホームで晩年を過ごしました。

両親の晩年、一〇年ほど付き添うと「親が若かった頃のこと」を以前よりも強く意識するようになりました。私は、自分がまだ子どもで両親が三〇代だった頃のことは知っていますが、それ以前の両親のことは知りません。

父と母はどうやって出会ったのか、どんな学生だったのか？　もっと遡《さかのぼ》って、皆さんと同じ一〇代の頃はどう過ごしたのか……。私もこの齢になって初めてわかることがあるという経験をしてきているので、より一層、自分が生まれる前、生まれた頃の時代のことをよく考えるのです。振り返ると、私の世代とその前の世代との葛藤がいちばん激しかったように思います。そういうことも含めて、これからお話ししていきます。

一〇代後半におとずれる試練

皆さんは今どのように生きているでしょうか。私は大学で一八歳以降の学生たちと二十数年接しているので、ある図柄が目に浮かびます。

一〇代の半ばから後半は、いろいろと難しい問題にぶつかります。まず、家族という枠の中から離れていく時期にあたります。自分という存在は、幼い頃から一〇代半ばまで家族の中で与えられてきたわけです。しかし、自分の意思ではなく、成長の過程で、否応なく家族の輪の中から離脱していかなければなりません。名前について考えてみるとわかりやすいでしょう。

皆さんは二つの名前を持っています。「名字」と「名前」です。日本人の多くは、明治政府が成立する前は名字を持っていませんでした。江戸時代、武士以外の人々には名字と帯刀が許されていなかったからです。ですから、歴史的に見ると、名字はごく最近つけたものといえます。私の名字は「鵜飼《うかい》」です。日本の多くの川で漁法として鵜飼(ほんとうは「うがい」と読むのですが)が行われていましたから、職業にちなんでつけたのだとわかります。この名字は長良川とその周辺地域に集中していて、父のルーツも愛知県です。皆さんの名字も、例外はあると思いますが、比較的最近につけられたものと考えてよいでしょう。

何を言いたいかというと、今この社会で生きている私たちは必然的に分裂しているということです。「名字の存在」として市民社会に書き込まれていると同時に、「名前の存在」として家族の中の一員として認められています。幼稚園や保育園では名前で呼ばれることのほうが多かったはずです。そして小学校からは名字で呼ばれるようになりますが、これは一つの訓練なのですね。社会の中では名字という名前で暮らすのだと。だから名字を漢字で書くようにもなる。しかし、家庭では名前で呼ばれますね。多くの人にとっては「名前で呼ばれる自分の方が安心していられる存在」だと思います。

しかし、一〇代半ば以降は変わります。家族の中で与えられていた自分という存在が希薄になっていくのです。そこで「もしかしたら自分は何者でもないのではないか？」という疑念が生まれます。「何者でもない自分」とは、すなわち「無」ということ。これはとてもたいへんなことです。誰もが通らなければいけない道だけれど、「何者でもない自分」と直面するというきわめて危機的な状況が、一〇代半ば以降の人間なのです。

そこで、たとえば部活動で自分の居場所を見つけたり、個人的な将来の目標を見つけることで、その欠落を埋めるわけです。皆さんは、まさに今その作業をしている最中でしょう。

「他人と自分を比べる」という作業

日本語には不思議な言い方がたくさんあります。「人」もその一つです。一般的な

「人」を指すこともありますが、「人の振り見て我が振り直せ」の「人」は「他人」という意味です。家族という強固な共同体の中で自分の存在が規定されていた関係から外へ出ていくときに必要なことが「他人と自分を比べる」という作業です。

ところが、この作業には際限がありません。「相手が優れていて自分が劣っている」と「自分が優れていて相手が劣っている」の二つのパターンしか思い浮かばないからです。他人と自分という二つのことを比べるだけではダメで、第三者が出てきて初めて両者の関係がはっきりします。この試練からは人間として成長するにしたがって逃れられるのですが、おかしなことに国同士の話になるとそうはいかないのです。いつまで経っても大人になれない。

もう一つ考えたいのは、個人的な将来の目標はなかなか見つからないということです。集団の目標は、たとえば硬式野球部なら「甲子園に出場する」といったように立てやすい。学校や部活動などは、家族の代わりとして、ある種の疑似家族的な空間をつくりやすいのです。しかし、個人の目標は見つかるまでにどれくらい時間がかかるかわかりません。

私が勤めている大学はいわゆる偏差値の高い学校ですが、合格するまでが目標で、入学してしまうと「何をしたらいいかわからない」という学生がたくさんいます。日本のように受験がある国では、受験が一時的に個人の目標の代わりを果たしますが、ほんとうの意味での目標とは違うので達成してしまうとぽっかり穴が空いてしまう。この点は、私の時代と皆さんの時代も共通していることかもしれません。しっかりとした目標を見つけない限り、一〇代半ばからの試練を克服する作業はつづくと思っていてください。

時代とともに変わる「子ども」の概念

次に「子ども」という存在を考えてみましょう。フランスの中世社会を研究していた歴史家のフィリップ・アリエスが一九六〇年に著した『〈子供〉の誕生』には、中世ヨーロッパの子どもがどんな存在だったかが描かれています。

実は、当時の子どもは七〜八歳くらいから大人と同じ扱いをされていたのです。農村の労働者として働き、お酒も飲めるうえ、性愛についても大人とまったく同じ扱いでした。現代の子どもとは大きな違いがあります。

フランスで今のような子どものカテゴリができたのは一七世紀からです。そのときから「子ども時代は教育を受ける期間である。働かなくていい」ということになった。しかし、ヨーロッパの歴史を遡ると、古代ローマや古代ギリシアの時代はやはり「子ども時代は教育期間だ」というあり方でした。

ただし、古代ローマとギリシアには注意が必要です。この二つの社会は民主主義が成立していた、あるいはその起源となったとされていますが、奴隷制の社会でした。市民権を持つ成人男性は、基本的には生産労働にかかわっていなかったので時間があった。だから民会に集まり、重要な問題があれば一日中でも顔を突き合わせて議論できたのです。こうした社会ならば子どもが働く必要はないので、子どもたちは教育を受けることができました。ただしこれは市民の子どもだけで、奴隷の子どもは別です。また市民の女性にも教育がほどこされていました。

『〈子供〉の誕生』フィリップ・アリエス著（みすず書房）

一七世紀以降、ヨーロッパはこの二つの社会の制度を参照しながら教育の観念を生み出していくのです。そして、飲酒や性愛が禁止される存在として「青少年」というカテゴリが生まれました。

つまり〈若さ〉には、このような〈歴史〉があるのです。

日本の社会でも同じようなことがありました。一八世紀や一九世紀までの日本社会では、フィリップ・アリエスの区別とは異なりますが、農村社会から近代社会へと移る間で大きな変化が起きました。そして教育も、家庭の中で行うものという考え方から学校教育へと大きくシフトしていきます。

〈若さ〉に歴史があるように、教育も歴史の中で姿を変えてきたし、これからも変化していくものであるということは忘れてはいけないでしょう。

過去七〇年間の〈若さ〉の歴史

私の両親の世代の学齢期は、一九三〇年代から一九四〇年代です。ここにいる皆さんの学齢期は二〇〇〇年代ですから、およそ七〇年間の隔たりがあります。皆さんが一六歳くらいだとすると八六歳の世代ということになる。もしかすると皆さんのおじいさん、おばあさんよりもさらに上の世代かもしれません。

過去七〇年間に起きた社会の変化を振り返ると、日本の〈若さの歴史〉にはいくつかの変化がありました。

一九三〇年代から一九四〇年代と聞いて、何を思いますか。「十五年戦争」を想起するのではないでしょうか。私が学校で習ったときは、日本が参戦した第二次世界大戦のことを「太平洋戦争」と呼んでいました。太平洋戦争とは、一九四一年一二月八日からはじまった日本対アメリカ・イギリス・オランダの戦争です。

ところがその後、その一〇年前からはじまっていた中国との戦争の結果として、対英米蘭戦争に突入していったと考えられるようになりました。一九三一年九月一八日の柳《りゅう》条湖《じょうこ》事件に端を発した満州事変がそもそものはじまりとの認識から、一九四五年八月一五日の終戦までを「十五年戦争」、あるいは「アジア太平洋戦争」と呼ぶようになったのです。特に一九三七年七月七日に起きた盧溝橋《ろこうきょう》事件が、日本と中国の全面戦争のきっかけです。

私の父は一九二六年に、母は一九二八年に生まれましたから、両親が物心ついたときにはすでに戦争ははじまっていて、ほぼ成年に達する頃に戦争が終わりました。父は最後の学徒動員で房総半島に配置されました。もしも本土決戦が起きていたならば、房総半島はアメリカ軍が上陸してくるはずでしたから、父は戦死していたと思います。そうなると私はこの世に生まれていなかったのです。

一九四五年三月二六日からはじまった沖縄戦、そして同年八月六日の広島、同九日の長崎への原子爆弾投下を経て、ようやく日本は戦争をやめたのですが、考えてみるとこれらすべての出来事が、私がこの世に存在することになった歴史的な条件をなしていることに気づきます。

私の両親と同じ世代の人たちは、二〇歳前後で終戦を迎えました。その人たちはどのような青年時代を送ったのでしょうか。一概には言えませんが、「一から再出発する国」という考えを強く持っていたと思います。つまり戦争が悲惨な敗北に終わって、この国は一度白紙に戻ってしまったからです。

今日ぜひ覚えておいてほしい言葉があります。「タブラ・ラサ」というラテン語です。

出陣学徒壮行会の様子

意味は「白紙」。それまで書かれていた文字がすべて消去されて白紙の状態に戻ってしまうということです。両親の世代は「タブラ・ラサ」を経験した。でもこれは逆に言うと、若者ががんばれば、まったく別の新しい国がつくれる。若者がそういう希望を抱いていた時代だったともいえるのです。

私の職場の先輩で、両親の世代に近いフランス文学者がいます。海老坂武さんという方で、自伝的な著作をいくつか書かれていますが、そのうちの一冊が『〈戦後〉が若かった頃』というタイトルです。戦後にも齢があるのだから、若さにも齢がある。そんなことを皆さんに考えてほしいのです。

先行世代との文化的ギャップ

私の両親の学生時代は、まさに「〈戦後〉が若かった頃」でした。両親の生涯を考えてみると、この世代は戦後ひとつの矛盾を抱えて生きてきたことに気づきます。一方では、あまりに長く死に直面したためにひじょうに強い「生への欲求」を抱いていたことです。なにしろ物心ついたときから成人になるまでずっと戦争でしたから、平和への希求もとても強かった。それが「正しい教育を受けることで平和が実現できる」という教育への飢えとなり、さらに教育に対する信頼へとつながっていきました。

他方で、同世代の膨大な数の若者が死んでいきました。父は「自分があの戦争を生き延びたのは偶然にすぎない。これから先は余生だ」という観念を強く持っていたようです。自分が生きている今を余生と考えると、虚しさにつながります。「すべては虚しい」という感覚を常に持っていたのです。

つまり、私の両親の世代は「生への強い欲求」と「すべては虚しいという感覚」を併せ持っていたのです。しかも、教育に対する信頼もまた強かった。そういう矛盾を抱えていました。

翻って私の世代を考えてみます。学齢期は一九六〇年代から一九七〇年代です。この世代は一言で表すならば「反抗の世代」です。先ほど話したように、皆さんは今、親との関係で難しい時期を迎えていますが、私にもそういう時期がありました。ところが皆さんと私では決定的に違う点があります。それは、私の両親が「戦前・戦中に教育を受けている」という厳然たる事実です。

両親の世代は『論語』を暗記し、天皇一二四代の名前を諳《そら》んじるといった教育を受けた。それに対して私の世代は、戦後の新しい憲法のもと、新しい教育基本法のもとで成長しました。これはまったく異なる教育経験なのです。

私の両親の世代と私の世代の文化的ギャップは、日本の近代では最大だったと思います。だから当然ぶつかるわけです。さらに、先行世代とぶつかりあう中で、私の世代は「教育への信頼」が揺らぐという経験もします。

反発しながら生きる意味を考える

一九六〇年代後半、私が中学生、高校生の頃はいわゆる「スチューデント・パワーの時代」でした。世界の至るところで学生運動が起きていました。戦争を経験した先行世代との文化的ギャップは、日本だけではなかったのです。「上の世代に対する不信感」は世界中にあったのです。

先行世代は教育に絶対的な信頼をおいていました。ところが、私たちの世代は先行世代そのものに不信感を抱いていましたから、上の世代がひたすら信じている教育の価値に対しても不信の目を向けました。それが「教育への信頼」の揺らぎにつながります。両親の世代は、男子であれば戦争に行くことが社会的な目標とされていました。それを始めとして、あらゆる面で先行世代との文化的ギャップがあります。私の世代すべての人が何らかの形でそれに反発したり、意思表示をしながら生きてきました。

また、私より少し前の世代、いわゆる「団塊の世代」がそれにあたりますが、「大学生になったら学生運動にかかわる」ということが一つの世代の生き方としてありました。しかし、私たちの世代には、日米安全保障条約（安保条約）に反対する反政府・反米運動として盛り上がった「六〇年安保」も「七〇年安保」もありませんでした。それまでの世代が必然的に一つのかたちを持っていたのに対し、世代的な目標が社会から与えられなかった最初の世代が私の世代なのだと思います。

大学で教員として働いていますが、両親の世代のように、教育に全幅の信頼をおいて教員生活を送ることはもはやできません。自分がやっていることを手探りで確かめながら、日々の教育活動に関与しているという状態です。

いま振り返ると、先行する世代に反発したからこそ、曲がりなりにも大人になって生きていくために必要な知識や考え方を学ぶことができたのだと思います。

見取り図のない時代へ

皆さんは学齢期二〇〇〇年代の世代です。私の世代と比べると、さまざまな社会的な変化が起きている中で、もっとも重要なのは「情報環境」が様変わりしたことだと思います。

私は仕事柄、フランス語や英語を使って文章を書くことがあります。今はパソコンを使っていますが、大学院生のときはまだ手動のタイプライターでした。書き間違えると、パソコンならキーをたたくだけで済みますが、タイプライターの場合は消しゴムで文字を消すのと同じような要領でした。もちろん携帯電話もインターネットもありません。

皆さんは、私の一〇代とはまったく違う情報環境の中で成長しています。自由にできることが増えた反面、「なんでも言える」ようにみえて「言えないことが多い」時代になっているようにも感じます。あるいは「言いたいことがはっきりわからない」からなのかもしれません。私が毎日の教育活動で学生と触れていてそう感じます。

〈若さの歴史〉を考える際に、避けて通れないことがあります。それは私よりも年長の世代は、激変する世の中を生き抜くための「サバイバルの技術」を、学校制度の外側でも身につけなければいけなかったという事実です。

皆さんと同じように、私の世代もすでに、先行世代のような〈サバイバルの技術〉を幼少期から自力で身につける必要はありませんでした。私たちは、これまでは比較的豊かだった社会で暮らしてきましたが、これからは「見取り図のない時代」を生きていかなければなりません。今の若い人たちが「マニュアル志向が強い」と言われることもありますが、それは「不安の裏返し」なのかもしれないと私は思います。戦後の経済成長以後の時代に生まれて、安くてよいものがすぐに手に入るし、ある程度食べるものにも困らない。そういった中に生きてきたからこそ感じる「不安」なのです。

二〇一一年三月一一日に東日本大震災が起きました。福島第一原子力発電所の事故によって引き起こされた放射能汚染の影響は、三年ないし四年後にはじめて明らかになるとも言われています。除染の問題、汚染物質の処理方法など原発に関する議論はこれからもつづいていきますから、皆さんも必然的にいろいろなことを学ばざるを得ない。大きく言えば、これまでの世代が直面したことのない「見取り図のない時代」に私たちは突入しているのです。

〈若さ〉のポテンシャル

東日本大震災と原発事故は日本で起こった大きな問題ですが、世界では今、経済問題がひじょうに深刻になっています。二〇一二年八月、私はフランスに行きました。滞在中にフランスの記事を集中的に読みましたが、明るい予測は皆無でした。誰が悪い、ここがよくない、という次元ではなく、世界経済の循環としてそうとう難しい局面にあることがあらためてわかりました。

日本では、中国の経済成長が鈍化したうんぬんという話が取りざたされていますが、事態はもはやそんな局地的なものではないのです。中国の経済が悪くなれば、日本は漁夫の利を得るのではないか。そういう記事を日本で読むことがありますが、フランスでそんなことを言っている人はいません。

ヨーロッパの経済は予想以上に悪い。そのうえ、アメリカや中国の経済が同時に破たんするようなことになったら、世界的な経済危機を迎えます。「世界大恐慌」という言葉を聞いたことがあると思います。一九二九年一〇月二四日にアメリカのニューヨーク証券取引所で株価が大暴落したことをきっかけに起きた世界的な経済危機ですが、もしかしたらこのときの「世界大恐慌」が小さなエピソードとなってしまうかもしれないというくらい危機的な局面を迎えています。以前に比べて世界各国の経済における結びつきはより深く、複雑です。アメリカもヨーロッパも中国の経済成長に支えられている面がある。より大きな視野で物事をとらえて判断しなければならない時代になりました。

希望はあります。皆さんの「若さのポテンシャル」です。

教えられてできたことは、ポテンシャルとは言いません。ポテンシャルとは「潜在的な能力」のことです。大学やシンポジウムなどいろいろな機会で、私は「教えられていないことができている若い人」に出会うことがあります。それも一度や二度ではなく頻繁にです。親や教師に教わるのではなく、こうした可能性は、若い人同士が「互いに教育しあう」ことから生まれていると思います。

先ほど、家族という輪の中から外に出ていくときには「他人と自分を比べる」作業が必要だとお話ししました。その比べ合う作業を通して、若い人たちは必死に自分探しをする中で、教えられていないことを身につけていくのです。若い人たちが相互に教育し合って、いつのまにか教えられた以上のことができてくる。それは個人でも集団でも経験できることです。

すると「できる」の意味が変わりますね。日本語で「できる」は、教えられたことが身についていることを指しますが、「あの人はできる」というように個人の「能力の高さ」を意味することもあります。「若さのポテンシャル」はそのどちらでもありません。

若い人たちが互いに教え合い、高め合っていく過程では、〈できない〉ことも大切にしなければなりません。能力で自分や他人を評価しないことを学び、能力を基準に「他人と自分を比べる」のをやめることが「できる」必要があります。

私は実際に若い人たちを観察しながら、社会とはどういうものなのかと思うことがあります。私たちの世代ができなかったこと、したがって教えることもできないことを、むしろ今の若い人たちの方ができているという事実があります。私たちとは違う世代的な条件のもとで、議論のしかたにしても、互いにアドバイスをしあうフラットな関係性にしても、従来よりもずっと幅の広い年齢の人たちとまじりあう交流のやり方にしてもそうです。さらに、人と自然のあり方についても、新たな芽生えが出てきているように感じています。

ただし、ここで皆さんに考えていただきたい重要なことが一つあります。「若さのポテンシャル」を十分に発揮するためには、自分の外に向かって表現することが重要だということです。自分の中にはすばらしい力があるのに、それを内側に向けてしまいがちな傾向が、特に日本の若い人たちの間にあります。自分と家族、親しい友人までを「内側」と考えると、その「内側」に向かいながら力をもう少し「外側」に向けて表現していく必要があるのです。

皆さんにとっての「外側」とは、学校や社会、他の国々、そして世界です。誤解してほしくないのは「とにかく発信しなさい」と言っているのではなく、「まずは表現しよう」ということです。

「外側」に表現していくためには、学校や社会、他国、世界のあらゆることに関心を持つことからはじめなければなりません。

つながるために「聞く訓練」と「読む訓練」を

「外側」に表現すること。そのために関心を持つこと。そして、さらに大事なのは「聞く訓練」と「読む訓練」をすることです。

二〇一二年八月半ばに、私は数日間韓国に行きました。韓国のユネスコが開催した「ユネスコ・アジア・ユースフォーラム」に参加するためです。韓国、日本、中国やベトナムをはじめとするアジア各国からたくさんの若い人が出席しました。私は講演をしたのですが、過去の歴史的な出来事を近隣の人々がどういうふうに解決していけるかを考えるこのシンポジウムで、ある出来事が起きました。

東京経済大学教授で文学者の徐京植《ソキョンシク》さんが最初に講演しました。そして日本で外国人が生きていくことの困難について指摘されたのです。たとえば、前東京都知事の石原慎太郎さんの思想の問題にも触れられました。石原さんは一〇年ほど前、ある事件が起きたときに「この残虐さを見ると、中国人のDNAには犯罪者の要素がある」というような主旨の発言をしたことがあります。実は私の父は石原さんの大学のクラブ活動の先輩だったので、小さい頃に会った記憶もあります。ある意味でひじょうに近い存在ですが、これはとうてい容認できる発言ではありません。フランスならば国内から猛烈な批判を浴びて、あっという間に辞任に追い込まれるでしょう。国際的な基準に照らしたら政治家としての資格はない。

なぜこのような発言をする人が政治家でいられるのか――。それが徐京植さんの問題提起だったのですが、そこで一人の日本の学生が手を挙げました。彼は「石原さんが日本を代表しているわけではない。日本には外国人が嫌いな人はたくさんいる。日本と韓国の関係は一九六五年の「日韓基本条約」で解決済みなのに、今さらいろいろ言われるのは筋が違う」というような発言をしました。

その場は凍りつき、深刻な雰囲気になりました。それなりにしっかりした英語だったのですが、発言の内容が……。それに対して徐京植さんは「石原さんは今も日本人の都民に支持されているし、外国人に対する深刻な発言があっても世論は反応しない。そのような国で外国人として生きていくことは大きな問題を抱えざるを得ない」ということを丁寧に説明していました。

続いて私が韓国との間で問題になっている「竹島」（韓国呼称：独島《トクト》）をはじめとする領土や歴史について発言しました。かいつまんで日本の戦争に関する歴史についてお話しします。第二次世界大戦時、日本は欧米諸国の植民地支配から東アジア・東南アジアを解放して新たな国際秩序を建設することを唱える「大東亜共栄圏」という構想をつくりました。一方で日本は、台湾、朝鮮を植民地として支配していました。「大東亜共栄圏」とは、ひとつの植民地帝国が他の植民地帝国を批判する思想です。このパターンは、日本と西洋との間ではじまったことではありません。かつてスペインの植民地を「私たちが解放しよう」とイギリスが言い出し、覇権を奪ったこともあるように、西洋同士の植民地争いに原型があります。時代の連続性の中で日本もこのパターンを繰り返したのです。そういう知識がなければ、西洋の植民地主義と日本の大東亜共栄圏の関係について誤った認識を持ってしまうでしょう。

また、日本が問題とされているポイントの一つに戦後の国家賠償があります。この背景には、アメリカをはじめとする資本主義国家と当時のソ連をはじめとする社会主義国家との間での対立構造、「冷戦」があります。アメリカは日本をあまり責めては「冷戦」の陣形がつくれないと考えて、講和条約をまとめ、安保条約を結んだのです。したがって日本は戦時中の国家責任について問われなかったのです。日韓基本条約を結んだときも、ベトナム戦争中のアメリカは韓国に相当なプレッシャーをかけたといわれています。

歴史的和解のモデルとなっているのは、ドイツが一九七〇年ごろから進めた一連の政策です。つまり戦争に関する歴史和解が「冷戦」の枠組みを超えて取り組まれるようになったのは、世界的にも一九七〇年代なので、日本が一九五二年発効のサンフランシスコ講和条約や一九六五年の日韓基本条約を楯《たて》に「解決済みだ」と主張するだけでは、世界からは必要な努力をしたとは認められないのです。

他国に攻撃を仕掛けたのは私の世代でも、皆さんの世代でもありません。ずっと昔の話です。それでも先行世代の責任はどこかで負わざるを得ません。幸いなことに、解決に向けての一定のルールはあるので、どこかでこの状態を抜け出したい。そうしなければ私たちは前に進めません。今の中国、韓国との領土問題にしても、戦後のアメリカの政治に踊らされている面があることは否めないのです。

「ユネスコ・アジア・ユースフォーラム」では、フィリピン人の学生が「日本だけではなく、フィリピンと中国の間にも領土問題はある」と発言していましたが、私がひじょうに印象深かったのは、討論全体を通じて十数人いた中国の学生が何も発言せず、黙って話を聞いていたことでした。中国の若い人たちは、いま世界で自分たちの国がどのように語られているかを注意深く聞いているのです。直ちに発信しようとしていない。日本の学生の軽はずみな発言と、中国の学生の石のような沈黙に、重いコントラストを感じました。

海外の人に実際に会うことはとても大切です。私が韓国を訪れたのは李明博《イミョンバク》大統領が

「竹島」(独島)に上陸した数日後ですが、そこで会った韓国の人たちは「あの行動は理解できない」と言う人ばかりでした。韓国の人すべてが大統領の上陸を支持しているわけではないのです。そういう話を海外の人と実際にするためにも、皆さんには語学を学んでいただきたいと思います。

私は皆さんに「外側」に向けて表現してほしい。自分で意識的に「内側」に閉じこもらなければ、海外の人と親しくなるチャンスはきっとあるはずです。正しい歴史的な視野と知識をもって、「人間としてお互いに幸福であるということはどういうことなのか」というところまで深く話し合える関係をつくることができれば、状況は大きく変わるでしょう。個人レベルの結びつきが誤解を解き、国同士の関係改善にきっと役立つはずです。

そのためにも「聞く訓練」と「読む訓練」を絶えず重ねてください。学校の課題ということではなく、これからの時代を生き抜くために、「見取り図のない時代」のサバイバル技術として、皆さんが表現方法を身につけていくことを願っています。

私たちはどこにいるのか？

――哲学入門

西谷修

にしたに・おさむ
一九五〇年愛知県生まれ。哲学者。東京大学法学部卒業後、東京都立大学大学院、パリ第8大学で学んだのち、明治学院大学文学部教授、東京外国語大学大学院総合文化研究科教授を経て、立教大学大学院文学研究科特任教授。20世紀フランス文学・思想の研究をベースに、グローバルスタディーズ、戦争論、世界史論、ドグマ人類学、医療思想史、クレオール文化などを広く論じる。

学問とは何か？

哲学というのは見たところおもしろくないものです。これから「君たちはどこにいるのか？」とか、「哲学入門」というタイトルで話をすることになっていますが、哲学に何か期待していても、眠くなってしまうかもしれません。

実は、私も哲学を勉強したわけでも、哲学を教えているわけでもありません。大学で教えているのは、主として「グローバルスタディーズ」という科目です。でも、その基になっているのが哲学的な考え方なんですね。

「グローバリゼーション」という言葉をよく耳にしますが、これは一般には、地球全体がひとつの世界になり、そこに人間も物も、あるいは情報も一挙に流れる、そういう状況のことを指しています。たしかにグローバリゼーションは、私たちの生活環境や人間が生存している条件といったものを、根本的に変える現象です。

では、そのグローバリゼーションによって何が変わったのか？　あるいは変わったことで、我々の生活あるいは生存の条件はどうなるのか？　そのようなことを総合的に考えるのが、グローバルスタディーズです。

このようにグローバルスタディーズは哲学ではありません。哲学ではないのですが、しかしこれを進めてゆくには、実は哲学的な発想が重要になってきます。

哲学は、冒頭でも述べたように、一見つまらなくて役に立たない学問です。哲学者のカントは、「あらゆるものには値段がつく」と言っていますが、役に立つから価値がある、したがってその分だけ値段がつくということです。

ところが、稀に値段がつかないものがある。役に立たないものもそうですが、逆にそういうものには「尊厳がある」とカントは言います。尊厳というのは、文字どおりには「尊く厳かなこと」というわけですが、これはお金では買えません。買えないし、何かに使おうなどと思っても使えないでしょう。

この尊厳があるかないかによって、何かが根本的に異なってきます。哲学に尊厳があるかどうかはわかりませんが、哲学は役に立たない、けれども、ないと困るというものでもあるのです。

学問というものは、ある領域、あるいはある物、現象といったものを対象とし、それを研究します。例えば、一八世紀から一九世紀にかけて〝経済〟という現象がヨーロッパで重要なものとして浮かび上がってきました。

当時のヨーロッパでは、さまざまな物をつくって売り、あるいは市場で物が売り買いされ、利潤を得て、さらにその利潤を回し、これをさまざまなかたちで使うという活動が重要になってきました。経済学というのは、このような活動が市場をとおしてどのように機能するのかといったことを研究する学問として生まれてきたのです。

同じことは理科系の学問でも言えます。例えば電気という現象が発見されると、それを対象としたひとつの研究領域ができる。あるいは、こちらの方が先ですが、物質や重さ、質量といったものの働き、さらにその成り立ちがどうなっているのかということを研究するのが、すなわち物理学となります。また、いわゆる化学反応といったレベルで起こる事象を対象としたものが「化学」という学問になるわけです。

このように、あらゆる学問には扱う対象があります。その対象に関わる領域、それがひとつの学問の領域になります。

だから学問というのは、基本的に「知る」という在り方に対応して形成され、必ずその対象があり、対象領域に規定されて一つの学問として、体系として成立するものです。

哲学とは何か?

ところが、哲学という学問には特定の対象がありません。対象がないというよりは、むしろ対象を限定しない、と言ったほうがいいでしょう。

学問というのは、前述したように「ものを知る」ということで、「知る」ということには、必ず知る対象があります。では、対象がない「知る」というのは、どういうことなのか? あるいは、それはどうやって表現できるのか。そういうことが可能なのか、あるいは「知る」ということ、それによって何か知識が生まれ、その知識があるということは、はたしてどういうことなのか。あるいは、知識が捉えているはずのものというものがあるのか、そういうものがあるというのは、どういうことなのか……。

そういったことを考えても、これはなにかに直接役に立つ知識にはなりません。役に立たないし、特定の対象や、確かに手でつかまえられるような対象はないのですが、しかし逆に言えば、あらゆる知識が成り立つもとを確かめたり、根拠を探るような働きと

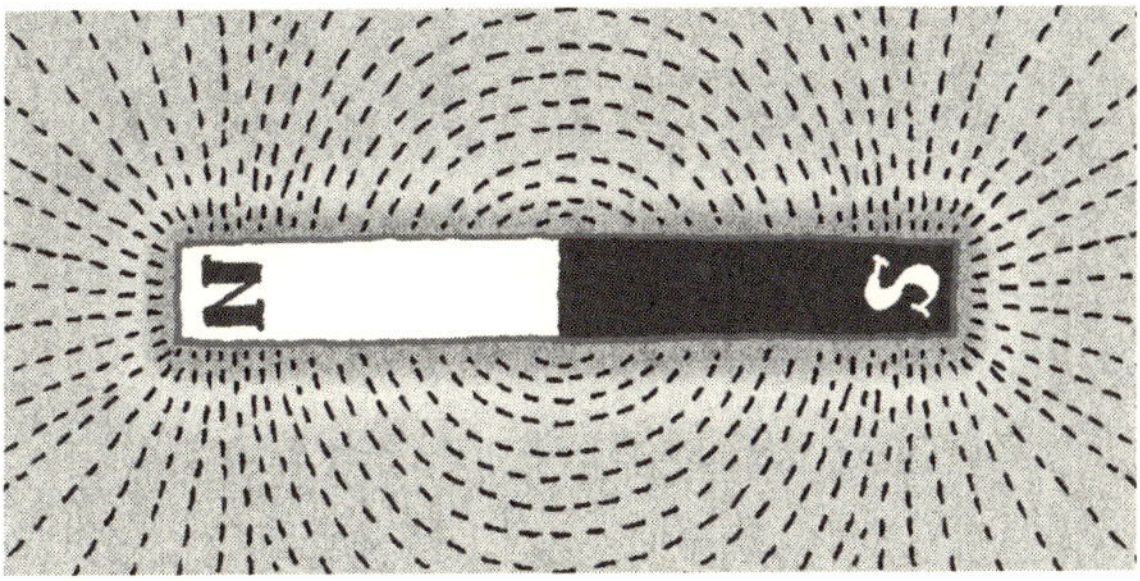

鉄粉が描く模様（イラスト　たむらかずみ）

もなるのです。

もう少し別の面から説明してみましょう。中学や高校の勉強は、いくつもの科目に分かれていて、それぞれの科目では、互いに領域の異なることを勉強しています。そのため、勉強したことは一見するとバラバラな知識ということになります。

例えば、数学で習う定義と、世界史で習う歴史の出来事とは、互いにバラバラです。中学、高校では、そういうふうにしてそれぞれ分け、対象がある知識を修得しているわけです。

しかし、習った知識は一見バラバラですが、それらの知識の断片を例えばセルロイドの板の上に撒《ま》いてやるとどうでしょう。ひとつひとつの知識を鉄粉だと仮定し、そのバラバラの鉄粉をセルロイド板の上に撒いてやるわけです。

鉄粉はバラバラですが、下から磁石を近づけるとどうなるか、そんな実験をしたことがあるでしょう。バラバラだった鉄粉はみごとな模様を描きます。規則正しい模様、あるいは今までバラバラだった鉄粉が、ある作用を受けて、ひとつの秩序を描き出す。

鉄粉にそのような模様を描き出させるのは磁石ですが、その磁石の役割をはたすのが、簡単に言えば「考える力」というものなのです。考える力が、バラバラな知識を大きな模様に変えて、ひとつの世界を描き出す。

そのような「考える力」を磨くのが、言ってみれば哲学の役割です。

グローバルスタディーズというのも、歴史的な知識や政治的な知識、あるいは経済的な知識、法律的な知識、さらにもっと個人的な精神分析の知識など、さまざまなものを集め、これをある磁力に感応させることで、ひとつの〝知の模様〟を描き出そうとする試みです。そしてこのグローバル世界の中で、われわれはどういう条件のもとに生きているのか、ここで人が生きるということはどういうことなのかを総合的に考えるのが、グローバルスタディーズという学問なのです。

そういう立場から、ひとつの実践として、「君たちはどこにいるのか？」ということを考えてみることにしましょう。

Why と reason

「君たちはどこにいるのか？」と言いましたが、その「どこ」というのは、実はそれほど単純なことではありません。

「どこ」という問いには、どういう場所にいるのかということと同時に、どういう「時」にいるのかという問いも含まれています。要するに、「どこ？」と聞くと、それは空間的な位置だけではなく、時間的な位置も含まれているということです。

今君たちが生きている場所、それを〝世界〟という言葉で示せば、今君たちが生きている世界は、どういうところなのか。それがどういう場所で、そしてその場所はただ単に空間的にここと言えるということではなく、どういう関連の中にあり、どう位置づけられている場所なのか。

さらに、その場所はどのようにしてできたのか、つまり時間を経てきたのか、言い換えれば歴史ということですが、それは歴史の中のどういう時点にあり、どのように形成されてきた場所なのか？

しばらく前に、「自分探し」という言葉が流行《はや》ったことがあります。「私とは誰なのか？」という問いです。

「私とは誰なのか？」という問いは一見もっともらしいのですが、しかしそれは無駄な質問だと言わざるを得ません。「自分探し」というのも、おかしな話です。

自分探しといっても、探しているのが君でしょう、ということになってしまいますから。自分なんて探しても、絶対に見つからない。なぜなら、自分を探そうとして前のほうばかり見ているけれども、その見ているのが自分なわけです。目は自分を見つけられません。自分というのは探さなくてもいるのですが、探そうとすると逆に見えなくなってしまう、そういうものなのです。

「私とは誰なのか？」という問いも同じで、「探そうとしている君でしょう」というだけの話です。

しかしそうではなく、「君たちはどこにいるのか？」あるいは「私はどこにいるのか?」というとき、その〝どこ〟というのは自分の中には見つかりません。そうではなく、自分がどういう関係の中に置かれているのか、その関係を見なければ答えは見つからないわけです。

そしてその関係というのは、ただ空間的な位置取りだけを意味するのではなく、時間的な位置取りでもあります。

このような問いは、やはり哲学的と言うべきでしょう。ほかの社会科学にしろ、あるいは自然科学にしろ、科学と言われるものは、「いかに」、あるいは「どういうふうにして」というかたちで答えます。

一方、そうならない問いというのもあります。「なぜ?」という問いです。日本語だと「どうして?」というと両方にかぶさってしまうから少し混乱しますが、ここは英語で考えるとよくわかるでしょう。

英語で「How」という問いに対して出る答えは、科学の出す答えです。例えば、「How 雨が降る?」という問いを考えてみる。その答えは、空から水滴がどうして落ちてくるのかというメカニズムの説明になります。

何が原因で、どういうプロセスでこういう現象が起こるのか、という答えです。ところが、「なぜ苦しいの?」という問いの答えは、そのメカニズムやプロセスの説明にはならない。「なぜ?」という問いは、方法ではなく理由を求めているのです。別の言い方をすれば、「根拠」ということです。日常的な言葉で言うなら、「わけ」ということですね。

英語にすれば、それが「reason」です。「Why(なぜ)?」という問いには、「Because」と答えるわけですが、この答えが reason だということです。

実は哲学がやっているのは基本的に、この reason を引き出し、あるいは作り出すことなのです。「How?」という問いは、reason を素通りします。reason が働くのは「Why?」という問いに対してです。

「Why?」と問われれば、その reason を答えるわけですが、その reason を説明することで、物事が理解できるものになる。つまり飲み込める、納得できるということです。哲学というのは、実はそういうことをやっているのです。

一六世紀に始まったグローバル化

そこで、「君たちはどこにいるのか？」「私たちはどこにいるのか？」という問いに対しては、ただ単に今ある状況を説明するのではなく、なぜ、どうしてそうなったのかというそのプロセスに必ず立ち戻ることになります。

「どこ？」と問われたら、今生きている世界がどういう世界なのかを考えます。これにはもちろん、いろいろな答え方があるでしょう。でも、おそらく今の世界を基本的に規定しているのが、「グローバル化」という言葉になるでしょう。

グローバル化というのは、二十五年ほど前からさかんに言われるようになりましたが、では、そのグローバル化というのはどのように起きたのか、振り返ってみましょう。

なぜこのような状況、現象が起こったのか、そしてそれはいかにして起こったのか、前述した言葉で言えば、「なぜ（Why）」起こったのかをまず考えることになりますが、その答え、つまり「reason」を、現在に至るまでのプロセスや歴史を遡って考えてみようということです。

二〇世紀の後半、世界は二つに分かれており、冷戦と言われた時代が五〇年ほど続き

新大陸（実際には島）に上陸するコロンブス一行

ました。この二つの陣営の間には壁があって、冷戦が終わるとともにその壁が崩れ、それによって世界がひとつになったと言われます。これが短期で見たときのグローバル化です。

しかし、さらにその元を遡っていくと、世界がひとつになるというこのプロセスはコロンブスのアメリカ大陸発見にまで遡《さかのぼ》ります。

一五世紀末、コロンブスがスペインから出発し、初めて大西洋を越えて新しい陸地を発見する。その後ヨーロッパ諸国は、コロンブスの拓《ひら》いた航路や、当時のバスコ・ダ・ガマが拓いたインド航路をたどって全世界へと進出して行きました。初めはスペインとポルトガルが、やがてフランス、イギリス、オランダ、ベルギーといったさまざまな国々が、世界各地をヨーロッパの植民地にしていったのです。

これが「西洋の世界化」という歴史的運動の始まりです。

植民地にするということは、そこに植民して支配するということを意味しています。それによって、ヨーロッパ式のやり方をもち込み、移植していったわけです。こうして一六世紀頃から始まったヨーロッパの世界進出——私はこれを「西洋の世界化運動」と呼んでいます——によって、ヨーロッパ式の生活や社会の仕組み、統治のしかた、商売のやり方、その考え方といったものが、支配的なもの、優れたものとして輸出されてゆき、世界の全体をその仕組みの中に取り込んでいくことになりました。

例えば、西暦という時の数え方ですね。西暦というのは、向うではキリスト暦と呼ばれています。ヨーロッパの世界化が始まるときのひとつの原動力となったのはカトリック教会でした。カトリック教会とは、唯一の創造神を地上で代表すると主張する一元的な組織です。そのためカトリック教会は、世界全体を自らの懐に統合していくというモチーフを持っていたのです。

キリスト教には、神の国と地上の国つまり人間の国を二つに分けて考える両世界論というものがあります。けれどもその二つは、やがて世界がすべてキリスト教化されることによって、神の光のゆきわたる世界が地上に実現され、統合されるということになります。

全世界がキリスト教化されたら、キリスト教の理想は世俗の世界に実現されることになるわけです。二一世紀の現在でも、キリスト教化が進められているのは、半分はそういう考えに基づいているとも言えます。

現在日常的に使われている西暦も、世界のヨーロッパ化によって広がっていったわけです。キリスト教の暦は、仏教やイスラーム、ヒンズー教といった人々には無関係なはずですが、ヨーロッパ化によって生活の中に取り入れられていきました。そして今ではこの年号は世界中で使われています。グローバル化というのはそんなふうに実現されていったのです。

実際、例えば仏教には、世界の創造神、天地を創造した唯一の神というものはいません。仏教の場合、人は悟りを開くと仏、仏陀《ぶつだ》になる。誰でも仏になれるわけです。だから仏教には、唯一神というものはいない。神に当たるものが、根本的に多元的なのです。

一方、イスラームの場合は、もともとキリスト教と出どころが同じで、神は天地創造神です。が、その唯一の神は人間とは隔絶していると考えられている。わかりやすく言えば、キリスト教とイスラムが異なっているのは、イエスがいるかいないかという点です。キリスト教では神と人間との間に、神でもあり人間でもあるイエスがいる。

ところが、イスラームのコーランには、初めのほうに「神は産みもせず、生まれもせず、唯一永遠不変で無限だ」と書かれている。つまり、イスラームは「神の子イエス」といったものを認めないのです。

キリストが生まれた時を基準に年を数えるという西暦は、だから仏教にもイスラームにも、あるいは他の宗教にも実は意味がない。意味はないけれど、それが世界に広まり、また現在の生活の中でもビジネスでも不可欠なものになっているのは、つまりは一六世紀以降の世界のヨーロッパ化、言い換えれば長いグローバル化の典型的な刻印なのです。

この一六世紀に始まったヨーロッパ化、あるいは西洋式の社会の仕組みや生活のしかたは、やがて全世界に浸透し、その同じやり方を世界が共有するようになっていく。それがグローバリゼーションによって世界がひとつになる、ということの大もとです。

他の例をあげてみましょう。私はよくフランスに行きますが、パリのシャルル・ド・ゴール空港も成田空港も、あるいは世界の他の空港も、その仕組み、空港をどうやって使うか、税関をどういうふうに通るかといった仕組みは、ほとんど同じです。

街に出ても、電車に乗ったりタクシーに乗ったり、多少の差はありますが、とくに都市の生活形態はほとんど変わりません。現在、世界中ほとんどどこでも基本的には同じような生活形態になっているのですね。

それに、私たちは外国の本を買うとき、アマゾンで注文すれば手に入れられるし、クレジット・カードを持っていればどこに行ってもお金が引き出せる。その仕組みが、世界で一律になっているからです。これらはグローバル化の顕著な表れです。

グローバリゼーションの根底にある科学技術と産業システム

では、グローバリゼーションの根本にあるものは何でしょう。それは科学技術と産業システムだと言えます。

科学技術というのは物事を対象として捉え、それを精緻に観察し、できるだけ分解して単純な要素にし、さらにそれらの要素を組み合わせて知識をつくり上げることです。そうしてつくった知識は、実際に応用してものをつくり出すことに役立ちます。

一方、産業システムというのは、industryということです。industryは、日本語では「工業」と「産業」の二通りに訳されていますが、ヨーロッパでは「産業」も「工業」もindustryで同じ言葉です。

人間は、もともと自然の恵みに従って生きていました。畑や田んぼを耕し、作物を育てるという農耕を行っていたのです。この農耕、つまり作物を育てるためには、種を撒《ま》き、作物が実るまで待つ必要がある。収穫は、気候条件にも左右される。だから人間は土地に縛られ、気候に左右され、総じて自然に依存して、生活していました。

ところが一六、一七世紀頃になると、ヨーロッパでさまざまなことが大きく変わり始めます。自然に頼らなければできなかったものも、人間が自分の力でつくり出すようになるわけです。それが工業の発展で、自然の条件に依存せず、自分の意志で、自由に、好きなものをつくり出せるようになったのです。

当時のヨーロッパでは、人間は自然に頼らず、むしろ自然を支配し、自然からいろいろなものを取ってそれを利用し、人間が自分にとって必要なものをどんどんつくっていけばいい、と考えられるようになっていきました。

要するに、それまでの農耕（agriculture）と新しい産業（industry）とは、まったく違う種類の活動で、industry こそ人間を自然への隷属から解放し、自由にすると考えられたのです。

このシステムによって、人間はもはや土や自然の条件に縛られることなく、逆に産業の集まる都会に人々が引き寄せられていくことになりました。

都会では、人々は皆給与生活者になり、給料をもらってそのお金で自分の生活を賄うようになる。だから誰ひとりとして、自分の生活を自分だけでは組み立てられなくなります。食物も衣服も、あるいは他のあらゆることも、すべて他の人がつくったものを店で購入して間に合わせるという、システムに組み込まれた生活になっていく。いわゆる自給自足といった生活はなくなるのですね。

あらゆるものが製品としてつくられ、これが商品として流通するというシステムの中に人間は取り込まれてゆきます。自然に従属することからは解放されたが、今度は人間が産業システム、産業と経済のシステムの中に身を置かなければ生きていけなくなるわけです。

自由を獲得したのか、あるいは拘束されるようになったのか。これは裏表の関係ですが、システムが生産と人間の生活の変革を、どんどん加速させていくことになります。このシステムはあまりに効率がよく、またあまりに物を生み出すため、システムが世界中に広まり、それが受け入れられるようになり、やがて今日の世界ができあがってきたということです。

大すじのところ、これが「なぜ、グローバル化が起こったのか」、つまり「Why」に対する reason の中身だということになります。

独自の西洋化を遂げた日本

西洋の世界化によって始まったグローバリゼーションですが、ただし、日本だけは例外的な西洋化をたどってきました。

江戸時代が終わり、鎖国を解いた日本は、猛烈な勢いで西洋化を進めてゆきました。西洋化のためにヨーロッパの文物を導入しますが、これを日本語で扱えるようにするために、夥《おびただ》しい数の翻訳語をつくり出しました。

他国、とりわけヨーロッパの植民地になった国々では、高等教育はその国の言葉では行えません。例えばイギリスの植民地になった国は英語で、フランスの植民地だった国はフランス語で、といった具合に、自国語以外の言語で高等教育が行われるのが一般的でした。

そのため、最先端の知識や技術を自国語に取り込めず、その結果、社会の中に西洋語を話す人とそうでない人たちとの間の隔たりができてしまいます。

ところが日本では、翻訳語をつくり出すことによって、外国語の習得が下手だと言われますが、知識や技術の導入や消化、あるいは産業化といったものを、すべて自国語(日本語)で進めることができ、それによって国をあげて発展を遂げることができたということです。

このように日本だけが、急速に独自の西洋化を成し遂げ、なおかつヨーロッパではない、という独特の位置を築いたことは、ともかく特筆すべきことでしょう。

現在でも、誰もが西洋風の格好をし、西洋式の生活をしているのですが、どこかで味《み》噌《そ》汁《しる》を食べたり、刺身や納豆を平気で食べたりと、その西洋化は独自のものです。日本には、さまざまなものを受け入れる素地があるのでしょう。

独自の西洋化に成功した理由は、日本が昔から外来の文化を受け入れてできあがってきたという事情があるでしょう。日本には中国大陸との関係で、いつも何かが入ってきては変化する、という土壌があったのです。

江戸時代には、キリスト教を禁止するために鎖国していました。世界の西洋化のためにキリスト教が果たした役割は大きいのですが、そのキリスト教が日本では禁止されていました。

また、ヨーロッパは〝キリスト教圏〟としてまとまっていましたが、日本ではそのような統一的な宗教基盤というものがなく、さまざまなものが大陸から伝来し、仏教や道教、あるいは儒教、後にキリスト教が入ってきて、それらが渾然《こんぜん》一体となっていました。

その鎖国の間も、長崎の出島を通してヨーロッパからさまざまな文化や刺激が入ってきています。ヨーロッパで発達した商業の形態や、あるいは医学などの知識が輸入され、鎖国で限られてはいましたが、それらの知識や技術、形態といったものが蓄積されていったのです。

一方、学問的には独自の成果もあげていました。算術は有名ですが、その他、例えば本居宣長《もとおりのりなが》。本居は『古事記』から始まりさまざまな日本の文学などを研究し、言語に関する思想を深めていますが、それは当時のヨーロッパの言語学者や哲学者と比較しても、まったくひけを取らないものです。

さらに、四方を海に囲まれ、保護されていたという点もあります。独自に蓄積されていた文化や知識、技術といったものがあり、それらの素材や知見をヨーロッパ式のものに次々と組み替えていくことで、西洋化が行われました。これらのさまざまな要因が重って、日本は世界で唯一、独自の西洋化を遂げた国になりました。

ただし、これには裏面もあります。日本は、独自に西洋化に成功した国ではあるけれども、同時にヨーロッパ以外で唯一、植民地帝国になった国でもあります。

浦賀に現れた黒船

第二次世界大戦にいたるまで、日本はアジアを足場にヨーロッパの植民地帝国と同じような広範支配圏を築こうとし、そのためにアジアの諸地域、諸国の人たちに多大な被害を与えてきました。

しかもどの国でもそうですが、外に進出しようとするときは、内への締め付けも厳しくなります。そのために、国内にも弾圧によって多くの犠牲を出しているのです。

このように、あるプロセスには必ずその裏面というものがあります。また、「Why」に対する答えというのは、それが唯一絶対のものであるとは言えないし、人によってさまざまな考え方や捉え方というものがあるのです。それらを理解した上で、「Why」に対する「reason」を導き出していくのが、哲学的な考え方だということです。

agricultureに立ち返る

一六世紀に始まったグローバリゼーションの根本にあった技術・産業システムによって、二一世紀初頭の現在の時代はどうなったのか。たとえば、二〇〇八年には金融恐慌とか世界恐慌といわれるものが起こりました。

それが何だったのかというと、金融、要するにお金のやり取りのシステムが、大きな破綻をきたしたのです。実はそれより四〇年近く前の一九七〇年代、経済が金融中心に移行する前に、産業システムがこのままではうまくいかないということが一度、世界的に問題になっていました。

当時は、環境汚染や資源の枯渇、人口増加による地球上の生存環境の劣化、といった地球規模の問題が噴出した時期でもあります。それらの大きな問題を、金融を動かすことによって遠ざけていたのが、その後の三〇～四〇年間だったともいえます。

そしてその金融システムが破綻し、もう一度七〇年代に立ち戻って、本当にこの産業システムで世界がやっていけるのかどうか、という大きな壁に直面しているのが現在の状況だと言ってよいでしょう。

金融破綻により、世界的にどの程度の被害が出たかは、そう簡単に割り出せるものではありません。けれども、例えば日本国内で見ても、就職状況が悪くなったとか、全体的に労働条件が悪くなったり、さらにさまざまな企業がつぶれたりといった影響が出ています。世界的に大きな不況だということははっきりしているわけです。

これまで進めてきた産業システムは、皆がそれぞれ自由に、各人の利益を追求して勝手にやれば全体としてはうまくゆきますよ、というものでした。自由な競争によって、市場がすべてを調整し、全体の効率が上がると考えられていたのです。そういう原則に則《のっと》ってやっているのですから、これは誰にも止められません。

さらに科学技術の進展によって、人間には何でもできるんだという幻想がつくり出されてきました。人間は、地球や自分の環境を変えるだけでなく、遺伝子を操作することで、植物や家畜だけでなく、人間自身さえどうにでも変えられるという幻想ができてしまっています。

金融恐慌を経験した二一世紀は、これらの問題をもう一度考え直す時期にさしかかっていると言えるでしょう。従来の技術・産業システム、つまり資源を使って物をつくり、売り、それによって経済を回していくということを続けていれば、遠からず再び七〇年代と同じ問題がもっと深刻に起こってくるでしょう。

現在、中国やインドが台頭し、これまであまり産業化が進んでいなかった地域が、どんどん発展してきました。これらの国の産業化によって資源が不足し、環境汚染が進み、これまで発展してきた国々が、新しく台頭してきた国々を抑え込もうと牽制《けんせい》しています。

これが新たな国際問題を起こし、かつてなかった国同士の争いをも引き起こそうとしています。

これらの問題も、二重、三重にグローバリゼーションのなかで起こっているのです。

二一世紀の現代は、そんな時代に突入した時代です。そんな多くの課題を抱えた世界を、私たちは今生きているということです。

しかし、ここに出口がないわけではありません。現在の問題は、グローバリゼーションという西洋がつくり出した原理、あるいは西洋の人間の考え方、西洋の世界の捉え方の「世界化」によって引き起こされたものでした。

中でもとりわけ、西洋によってつくり出され、世界に広められた〝産業システム〟による人間世界の再編成は、後戻りのできない大きな問題と言ってもいいでしょう。

しかし、前述したように農耕（agriculture）と産業（industry）とは、まったく異なる原理のものです。agriculture の原理は、人間の社会で何万年も続き、社会を支えてきたものでもあります。

このagricultureを基に、さまざまな科学技術を駆使し、すべての人間の活動をagri-cultureをモデルにしたようなかたちで再編していけば、利害の軋轢《あつれき》と衝突、それに競争しかないような現在の世界の状況を、おそらく違った形に組み替えていくことが可能になるかもしれません。だからもう一度、agricultureを人間の活動のモデルとして考え直してみることは、現在の行き詰まりを脱却するのに、大きなヒントになるのではないでしょうか。

また、独自の西洋化を遂げた日本には、技術や実際の生産活動といったものだけでなく、ものの見方や考え方といった知的な部分で、世界に貢献できるものがあるはずです。ヨーロッパでは現在、この行き詰まりや閉塞感を打開するために、日本の意見を聞きたいという風潮が高まっています。グローバル世界の問題を論じるとき、ヨーロッパやアメリカとは違った歴史や文化をもち、地球の裏にありながら、ヨーロッパ化のプロセスを独自に成し遂げた日本が、どう出口を構想するか、期待されています。

産業国家としての日本の地位は、おそらく今後は落ちていくでしょう。けれども、急速な西洋化という経験を経て、なおかつヨーロッパではない国というのは、日本の特質です。

その日本だからこそ、世界の行き詰まりを打開する違った発想が出てくるのではないかとの期待があるわけです。

現代のように、少し先が見通せないときは、その状況がなぜ、どういうふうに形成されてきたのか、なぜ駄目になったのかというようなことを振り返りながら、今後のことを考えていく必要があるでしょう。それも狭い、限定された領域での、当面の解決のための考えではありません。

さまざまな要素を含めたかたちで、長期の幅で、グローバルに考えていけば、やがて未来に対する新たな見通しもえられることになるでしょう。そのためには、「Why」という疑問符をいつも頭の中に入れ、その reason を考える努力が必要なのです。

（※本稿の元となった講義は、二〇一〇年一二月一八日、桐光学園にて行われた。）

◎若い人たちへの読書案内

①福岡伸一『世界は分けてもわからない』（講談社現代新書）
②中村哲『医者　井戸を掘る』（石風社）
③ハクスリー『すばらしい新世界』（講談社文庫）

①本の良《よ》し悪《あ》しと売れ行きとは必ずしも一致しませんが、この著者の『生物と無生物のあいだ』という本はベストセラーになりました。やはり優れた本は求められるのでしょう。二一世紀は生命科学の時代だと言われ、それが盛んに取り沙汰されていますが、「生命」とは何なのか、それは「いのち」とは別のものなのか、あるいは科学の対象となりうるのか、いろいろな疑問が湧きます。著者は科学者ですが、「生命科学者」ではなく、あくまで「生き物」に関する科学者でいようとしているように思えます。その姿勢が「科学」とは何なのか、「生きている」とはどういうことなのかを、深いところで納得させてくれます。ここでは、少し行儀のよい最初の本ではなく、もう一歩踏み込んだ『世界は分けてもわからない』の方を挙げておきます。これは生物学に限ったことではなく、世界の認識一般についてもあてはまることでしょうから。

②著者は昆虫採集が好きな医師で、初めてヒマラヤに行って以来アフガニスタンの風土に魅了され、うち続く戦乱に荒れ果てたこの国の人びとの医療支援に乗り出しました。ペシャワール会という民間医療支援団体を作り、すでに三〇年近く活動を続けています。けれども、病気を治す以前に、生きるためにはまず水が必要だと、旱魃《かんばつ》の多いこの地に井戸を掘る事業を起こし、現地の人たちと協力して千本の井戸を掘りました。この本はその経験を語ったものです。著者はその後、灌漑《かんがい》用水を引く事業を始め、江戸時代の工法を使って完成させました。農地があれば、人びとは武器を持つよりも畑を耕して生活を立て直そうとします。国際秩序の安定という名目で大規模な軍事介入がなされますが、それは現地の人びとを助けるより、むしろ居場所をなくして苦しめます。そんな人びとを助けるために生涯を賭けている医師の活動の記録です。

③産業文明は、自動車や航空機の普及によって新しい段階に入りました。人の動きも、都市の生活も、エネルギーの必要もそのときから大きく変わりました。この小説はちょうどその頃に未来を想像して書かれたものです。人間は産業技術を自分たちで作り出し、自分たちがその主人だと思っていますが、それによって社会がシステム化されるにつれて、人びとはそこに組み込まれ、システムの方が自立して人間はその円滑な運行のためのコマのようになります。社会が便利になればなるほど、人間もその利便のために管理され、統制されるわけですが、システムに同化するとその便利さが自分の「能力」であり、それが「自

由」なのだと思い込んでしまいます。そのような「文明の反転」を先駆的にみごとに描き出した作品で、わたしたちが生きている世界とはいったいどうなっているのかを考えるために一度は読んでおきたい作品です。

◎初出一覧

大澤真幸「自由の条件」『学問のツバサ』二〇〇九年
北田暁大「いま君たちは世界とどうつながっているか」『問いかける教室』二〇一三年
多木浩二「キャプテンクックの航跡」『知の冒険』二〇〇八年
宮沢章夫「地図の魅力とその見方」『私と世界、世界の私』二〇一一年
阿形清和「境はどこにあるのか？」『問いかける教室』二〇一三年
鵜飼哲「〈若さの歴史〉を考える」『問いかける教室』二〇一三年
西谷修「私たちはどこにいるのか？——哲学入門」『私と世界、世界の私』二〇一一年
ともに、水曜社刊

※本書は、これらを底本とし、テーマ別に抜粋、再編集したものです。各章末の「若い人たちへの読書案内」は、本書のための書き下ろしです。

大好評既刊

何のために「学ぶ」のか〈中学生からの大学講義〉1

大事なのは知識じゃない。
正解のない問いに直面したときに、
考え続けるための知恵である。
変化の激しい時代を生きる若い人たちへ、
学びの達人たちからのメッセージ。

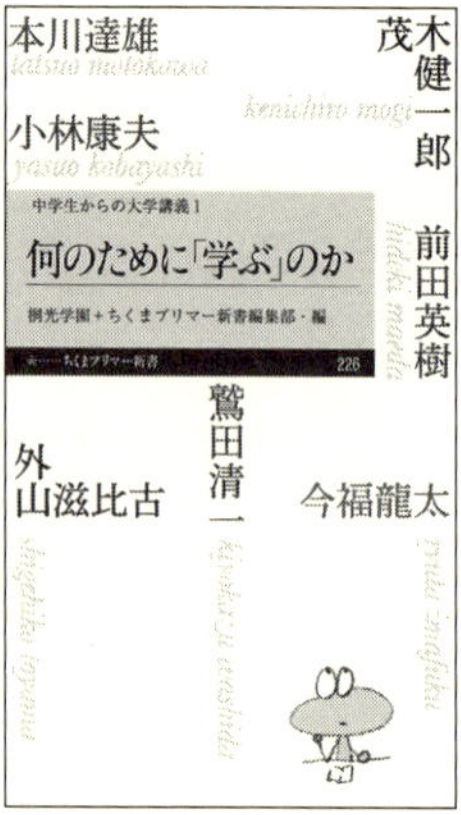

ISBN 978-4-480-68931-3

ちくまプリマー新書 226

大好評既刊

科学は未来をひらく〈中学生からの大学講義〉3

宇宙はいつ始まったのか？
自然とは？　自分とは？
科学は長い間、多くの疑問に挑み続けている。
第一線で活躍する著者たちが、
広くて深い世界に誘う。

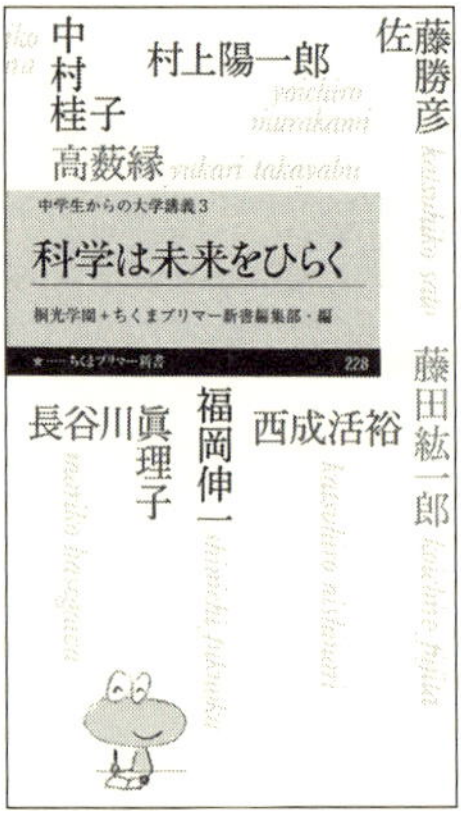

ISBN 978-4-480-68933-7

ちくまプリマー新書 228

大好評既刊

揺らぐ世界〈中学生からの大学講義〉4

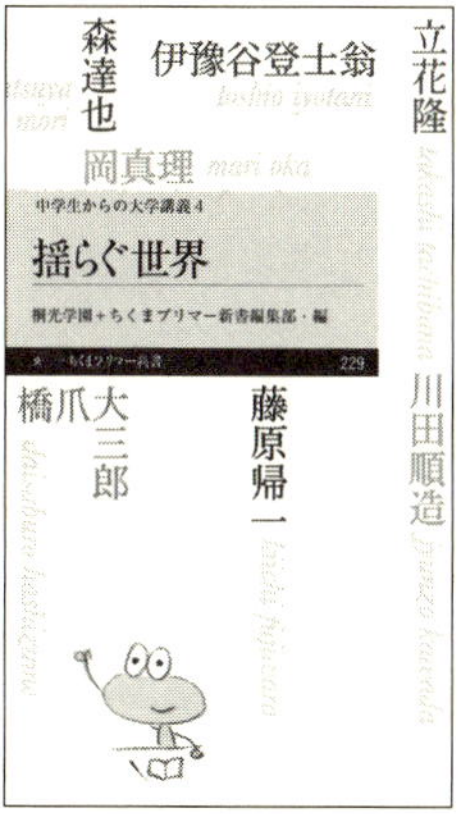

ちくまプリマー新書 229

ISBN 978-4-480-68934-4

いくらでも選択肢のあるこの社会で、
私たちは息苦しさを感じている。
既存の枠組みを超えてきた先人達から、
見取り図のない時代を生きる
サバイバル技術を学ぼう！

chikuma primer shinsho

ちくまプリマー新書 230

生《い》き抜《ぬ》く力《ちから》を身《み》につける 〈中学生《ちゅうがくせい》からの大学講義《だいがくこうぎ》〉5

二〇一五年五月 十 日 初版第一刷発行
二〇二二年一月二十日 初版第八刷発行

著者 大澤真幸（おおさわ・まさち）／北田暁大（きただ・あきひろ）／多木浩二（たき・こうじ）／宮沢章夫（みやざわ・あきお）／阿形清和（あがた・きよかず）／鵜飼哲（うかい・さとし）／西谷修（にしたに・おさむ）

編者 桐光学園＋ちくまプリマー新書編集部

装幀 クラフト・エヴィング商會

発行者 喜入冬子

発行所 株式会社筑摩書房
東京都台東区蔵前二－五－三 〒一一一－八七五五
電話番号 〇三－五六八七－二六〇一（代表）

印刷・製本 株式会社精興社

ISBN978-4-480-68935-1 C0295 Printed in Japan